01

지은이 오준호

논픽션 작가입니다. 『반란의 세계사』를 쓰면서 저술 활동을 시작해, 사회적 르포르타주인 『노동자의 변호사들』과 『세월호를 기록하다』를 쓰며 작가로서 보람과 매력을 느꼈습니다. 최근에는 『기본소득이 세상을 바꾼다』로 인공 지능이 일자리를 가져가는 미래의 대안을 제언했습니다.

『평등, 헤아리는 마음의 이름』은 청소년들이 장차 평등하고 공정한 세상을 만드는 주인공이길 바라며 썼습니다. 지금까지 10여 권의 책을 냈고, 청소년과 만나는 강연을 활발히 하고 있습니다.

경기도 안산에서 청소년 문학 번역가인 아내, 청소년인 두 자녀와 같이 살고 있습니다.

일러두기

1. 본 책은 국립국어원의 한글 맞춤법과 외래어 표기법을 따랐습니다. 단 인용문의 경우, 원문의 표기대로 실었습니다.
2. ( )는 지은이의 주입니다.
3. 단행본에는 『 』를, 논문이나 단편, 희곡, 언론 기사에는 「 」를, 개별 작품에는 〈 〉를 사용하였습니다.
4. 본 책에서는 독자들이 종이책의 한계를 넘어 정보를 습득할 수 있도록 각주에 QR코드를 삽입하였습니다. 휴대 전화에 있는 QR코드 스캔 기능이나 앱을 활용하여 다양한 매체가 담은 지식과 정보를 접하실 수 있습니다.
5. 본 시리즈는 표지 재질인 천의 제작 및 공급 환경으로 인해 매 쇄마다 표지 원단이 변경될 수 있습니다.

평등 헤아리는 마음의 이름

오준호

생각과느낌

1
불행 배틀 시대, 평등의 의미를 묻다

이야기 하나.

/

"우리는 모두 평등하다.

/

그러므로 누구도 더 배려받으면 안 된다."

어느 대학에서 휠체어를 타는 지체 장애 학생이 겪은 일입니다. 그 장애인 학생은 휠체어가 들어가기 불편한 계단식 강의실을 피하고자 수강 신청 할 때 꼼꼼히 '계단식인지 아닌지' 여부를 확인했습니다. 수강 신청 안내문에 계단식 강의실이 아니라고 나와 있어 수강 신청을 했는데, 막상 수업하는 날 가 보니 계단식 강의실이었습니다. 수강 신청 안내문이 잘못되었던 겁니다. 이 장애 학생은 친구들의 도움을 받아 강의실에 들어오느라 수업 앞부분 20분을 듣지 못했습니다.

학생은 학교 행정실에 강의실을 계단이 없는 강의실로 변경해 줄 수 있는지 물었지만 이미 강의실 배정이 끝나서 변경은 어렵다는 답을 들었습니다. 이를 안타깝게 여긴 그 수업 교수님이 학생에게 "매 수업 후 앞부분 20분의 내용을 따로 보충 수업 해 주겠다."라고 제안했습니다. 그런데 이 이야기를 들은 비장애 학생들이 항의하고

나섰습니다. 왜 보충 수업을 장애 학생에게만 해 주느냐, 공정하지 않다면서요. 다들 좋은 학점 따느라 경쟁하는데 왜 장애 학생만 특혜를 주느냐는 겁니다. 그 수업 참여자들이 공유하는 에스엔에스[SNS]에는 이 장애 학생 보고 '민폐'라고 비난하는 사람도 있었습니다. 장애 학생은 결국 수강 신청을 철회하였습니다.

이 이야기를 듣고 19세기 작가 아나톨 프랑스의 말이 떠올랐습니다. "법은 공평하게도 부자든 가난한 자든 다리 밑에서 자는 것을 똑같이 처벌한다." 다리 밑에서 잔다는 말은 노숙을 한다는 이야기입니다. 서울역 노숙인들을 떠올릴 수 있겠네요. 법은 부자든 가난한 사람이든 노숙을 금한다고 하니, 누구에게나 평등한 것처럼 보입니다. 정말 그런가요? 애초에 부자가 다리 밑에서 자는 일이 있을까요?

이재용 삼성전자 부회장이 서울역에서 노숙하는 것을 상상할수 없듯 부자가 다리 밑에서 잘 일도 없습니다. 다리 밑에서 자는 사람들은 집다운 집을 구할 능력이 없는, 몸을 누이기 위해 어쩔 수 없이 다리 밑으로 찾아든 가난한 사람들입니다. 법은 도시 미관을 위한 조치임을 앞세워 실제로는 가난한 사람들만 처벌하고, 그들을 도시밖으로 내쫓습니다. 가난한 사람들이 사라진 거리는 부자들에게는 더 쾌적하고 안전해 보이겠죠. 이처럼 법의 기준이 한쪽으로 기울어져 있으면, 겉보기에 공평하고 공정해 보여도 실은 한쪽을 억압하고 다른 쪽의 특권은 보호합니다. 작가 아나톨 프랑스는 법이 공정함을

다리 밑 노숙자와 그의 종이컵이 질문을 던진다.

내세워 실제론 부자의 이익에 봉사하고 있다고 꼬집은 겁니다.

비장애 학생들의 주장이 장애인보다 비장애인이 더 우월하다는 오만한 태도로 보이지는 않습니다. 오히려 비장애 학생들의 태도는 '우리는 모두 평등하다'는 생각이 전제되어 있는 듯합니다. 좁은 취업문을 뚫기 위해 좋은 학점을 따야 하니 모두 같은 처지이고, 학점 경쟁이라는 레이스에서 동등한 출발선에 서 있다는 생각입니다. 이처럼 누구나 평등한 처지인데 왜 누군가가 더 배려받느냐, 그건 공정하지 않다고 그들은 화를 냅니다. 하지만 비장애 학생들이 놓친 것이 있습니다. 스스로 인식하지 못하지만 자기들이 '특권'을 가지고 있다는 점입니다.

'아니, 평범한 내가 무슨 특권이 있다는 거야?' 비장애 학생들은 그렇게 생각할지 모르지만, 장애가 없는 행운 덕에 계단식 강의실을 드나드는 데 전혀 불편함을 못 느낀다는 것은 일종의 특권입니다. 장애 학생에겐 계단식 강의실에 드나드는 일부터가 신체적, 정신적으로 큰 노고가 드는 일입니다. 비장애 학생들은 모두 평등하다는 걸 전제로 장애 학생에게 '특혜'가 주어져선 안 된다고 했지만, 자기도 모르게 특권을 누렸던 것은 비장애 학생들입니다. 그러고는 그 특권을 장애 학생과 나누지 않겠다고 화를 낸 셈이죠.

평등은 중요한 가치이지만, '무엇을 평등하게 할 것인가?'라는 질문에 수없이 다른 답이 존재합니다. '같은 것은 같게, 같지 않은 것은 다르게' 대하는 것을 우리는 '공정'이라고 합니다. 그렇다면 '무엇을 평등하게 할 것인가?'는 곧 무엇이 공정한 것인지 묻는 질문이

기도 합니다. 기회를 평등하게 제공하고 규칙을 평등하게 적용하면 그걸로 세상은 충분히 공정해질까요? 아니면 그 이상의 무엇이 필요한가요? 이 책에서 이야기하려는 주제입니다.

이야기 둘.

/

"불평등은 문제다.

/

그러나 능력에 따른 차등은 클수록 좋다."

청소년들에게 강연하다가 "우리나라의 불평등과 양극화가 심각하다고 생각하나요?" 하고 물어보았습니다. 강연을 듣는 청소년들이 20명이었는데 이 가운데 17~18명 정도가 "네."라고 대답하더군요. 이어서 "능력이나 노력에 따라 보상의 차이는 클수록 좋다고 생각하나요?" 하고 질문했습니다. 그랬더니 이번에는 20명 전원, 100%가 "네."라고 대답했습니다. 청소년들은 '금수저·흙수저'로 상징되는 불평등 현실이 심각한 문제라는 데 대체로 공감하는 한편, 능력과 노력에 따라 보상의 차이는 클수록 좋다는 데 거의 절대적으로 동의했습니다.

이 반응은 꽤 흥미로웠습니다. 청소년들의 두 대답은 모순 같았거든요. 능력이나 노력에 따라 보상의 차이가 커야 한다는 생각을 '능력주의'라고 합니다. 능력주의를 지지한다면 소득 불평등은 당연한 결과로 여기는 게 마땅합니다. 사람마다 능력이 다르고 따라서 성

과도 다를 테니까요. 청소년을 만나는 다른 강연에서도 같은 질문을 했는데, 마찬가지로 다소 모순적인 반응이 나오더군요. 그러나 생각해 보니, 능력주의를 지지하더라도 현재의 불평등이 능력과 노력의 공정한 결과로 보이지 않을 수 있습니다.

청소년들은 이미 어릴 때부터 불평등을 체감합니다. 어떤 집 아이는 생일이면 부모님이 고급 뷔페에 친구들을 불러 생일 파티를 열어 주고, 어떤 집 아이는 부모님이 맞벌이를 하느라 밥조차 잘 챙겨 주지 못해 피시방에서 라면으로 때웁니다. 어떤 집 아이는 유명 학원 강사를 집으로 불러 고액 과외를 하고 방학이면 해외로 어학연수를 다녀오지만, 어떤 집 아이는 동네 보습 학원에 다니면서 방학에는 알바를 해 용돈을 벌어야 합니다. 이런 경험의 간극은 숫자로도 확인됩니다. 상위 10%는 국민 전체 소득에서 50%를 가져가고, 부동산에서 70%를, 이자 및 주식 배당에서 80%를 차지합니다. 반면 근로 소득자 1,800만 명 가운데 절반인 900만 명은 월 평균 소득이 200만 원 이하입니다. 자영업자 중 70%인 350만 명이 월 소득 200만 원이 안 되어, 우리나라 경제 활동 인구의 절반이 월 200만 원이 안 되는 돈으로 생활하고 있습니다.

그런데 불평등을 느끼면서도 능력주의에 의지한다는 건, 이런 불평등한 현실을 오직 개인의 힘으로 극복하겠다는 걸 말합니다. 자기의 능력을 더 키우고 지금보다 훨씬 더 노력하면 층층으로 서열화된 이 사회에서 조금이라도 높은 사다리에 올라갈 수 있으리라 기대하는 것입니다. 사회는 그런 우리에게 "네가 그 아래 머무는 건 너

의 노력이 부족하고 능력을 키우지 않은 탓이야."라고 하면서, 높은 곳을 차지한 사람들은 다 그들의 능력과 노력 덕분에 거기 있는 거라고, 따라서 그들은 지금의 부와 지위를 가질 자격이 있다고 말합니다. 그 말이 진실일까요? 각자가 능력과 노력으로 이 현실을 극복할 수 있을까요? 부와 지위를 가진 사람들은 오직 자기의 능력과 노력으로 그것을 차지한 것일까요?

이야기 셋.

/

"경쟁은 꼭 필요하다.

/

비록 경쟁 때문에 내가 불행할지라도."

오른쪽 여론 조사를 보면, 응답자의 79%가 경쟁은 생산성 향상에 도움이 된다고 대답합니다. 그런데 같은 여론 조사에서 응답자의 62%는 경쟁의 부작용이 심각하다고 생각하고 있습니다. 심각하지 않다는 응답은 8%에 불과했습니다. 사람들은 경쟁의 가치를 받아들이면서도, 동시에 경쟁 때문에 힘들어하고 있는 겁니다. 응답자들 중 '경쟁은 삶의 질을 떨어뜨린다'에 동의한 숫자는 45%로 절반에 조금 못 미칩니다. 하지만 20대 응답자 가운데는 58%가 동의했다고 합니다. 젊은 세대일수록 경쟁의 피로감을 크게 느낀다는 뜻이겠죠. 제가 청소년에게 물어보아도 비슷하게 모순적인 반응이 나타납니다. "경쟁 때문에 힘들어요. 하지만 경쟁을 안 할 수는 없잖아요?"

다들 죽을힘으로 경쟁하는 사회에선 남들보다 나은 성과를 내기가 힘듭니다. 어지간한 성과를 가지고는 어디 내밀 수도 없습니

경쟁의 부작용에 대한 심각성

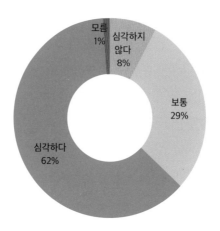

경쟁의 영향에 대한 인식

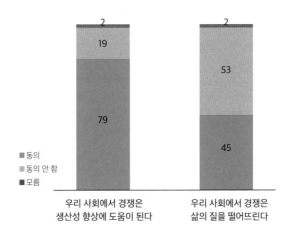

출처: 정한울·이관후, 「한국사회 공정성 인식조사 보고서」, 한국리서치, 2018.

경쟁이 삶의 질을 떨어뜨린다는 주장에 대한 세대별 동의 비율은
20대가 58%로 가장 높았고, 50대가 53%, 30대가 46%로 뒤를 이었다.
40대에서는 38%, 60대 이상에서 34%로 세대별로 우려의 크기가 달랐다.

다. 성과를 내야 경쟁에서 앞서는데 서로의 성과가 변별력이 없다면 무엇으로 자기를 드러낼까요? 자기가 남들보다 더 불리한 조건에서 경쟁하고 있다고 주장해야 합니다. 남들보다 등짐 하나를 더 졌다고, 자기가 뛰는 트랙은 남들에 비해 훨씬 더 울퉁불퉁하고 질척댄다고 말해야 하죠. 그래야 남들과 비슷한 성과를 내더라도 자기가 더 능력 있고 더 노력했다고 할 수 있겠죠. 내가 얼마나 힘든가, 내가 얼마나 어려운 여건에 있는가가 새로운 경쟁 종목이 됩니다. 이른바 '불행 배틀'이죠.

우리 사회는 불행 배틀이 대유행입니다. "내가 요즘 이래서 힘들어."라고 누가 말을 꺼내도 아무도 그를 위로하거나 격려하지 않습니다. 대신 "그 정도는 아무것도 아니야. 나는 말이지⋯⋯." 하면서 남의 고통을 깎아내리고 자기가 더 불행하다고 말합니다. 고통은 타인과 공감하는 매개가 아니라 경쟁의 수단이 되고 전시展示의 대상이 되었습니다. 불행 배틀은 그 참가자가 점점 늘어나, 친구끼리나 처지가 비슷한 집단 안에서도 벌어지지만 남녀 사이 또 세대 사이에서도 벌어집니다.

"나 시험을 망쳤어."라고 하소연하면 "나는 지원조차 못했어."라고 맞받아치고, 비정규직이 차별받는다고 이야기하면 취직 면접 준비의 고충을 아느냐고 맞받아칩니다. 여자들이 자신이 겪은 성차별을 이야기하면 남자들은 군대에서 얼마나 고생하는지 아느냐고 반박하고, 젊은 세대가 '헬조선'을 이야기하면 나이 든 세대는 '엄혹한 독재 시절'을 아느냐고 반박하죠. 올림픽 경기에서는 기뻐하는 승

자, 승자를 축하하는 패자, 그들 모두에게 찬사와 격려의 박수를 보내는 관객이 어우러져 감동적 장면을 만들고는 합니다. 하지만 불행 배틀의 끝에는 기뻐하는 승자도 없고 '나는 쟤보다 덜 불행하구나.' 하고 힘을 내는 패자도 없으며 지켜보는 사람들이 기분이 좋아지지도 않습니다. 그냥 모든 사람이 함께 지금보다 더 불행해집니다.

모든 사람이 경쟁에 참여할 기회가 있고, 경쟁에서 이기면 큰 보상을 받는 것을 '기회의 평등'이라 하죠. 그것이 평등에 대해 사람들이 아는 알파요 오메가입니다. 그런데 이 사회에서 사람들은 점점 지치고 불행해져 갑니다. 경쟁의 승자는 오직 경쟁 그 자신뿐인 것 같습니다. 경쟁이 필요하고 경쟁이 중요하다는 믿음만이 흔들림 없이 점점 더 강해져 가고 있으니까요. 평등은 오직 기회의 평등을 말하는 것처럼, '공정한 경쟁'과 똑같은 말인 것처럼 여겨져야만 할까요? 기나긴 인류 역사에서 사람들이 평등을 위해 싸워 온 이유가 지쳐 쓰러질 때까지 경쟁할 자유를 평등하게 누리기 위해서일까요?

공자가 가르친

/

'평생 실천해야 할

/

한 단어'는?

위의 세 가지 이야기는 우리 사회가 처한 어려움을 보여 줍니다. 공정함을 내세우고 '특혜'를 비난하는 행동은, 뒤집어 보면 자기가 오래된 기득권을 지키려는 행동일 수 있습니다. 사회 불평등과 양극화는 점점 심각해지고, 각자는 능력과 노력에 따라 공정한 보상이 돌아오지 않는다는 불만에 차 있습니다. 그러나 '능력주의'를 추구하면 할수록 부의 격차는 더 커져 갑니다. 그리고 사람들은 경쟁이 긍정적 역할을 한다고 믿지만, 동시에 경쟁 때문에 지치고 불행해집니다. '불행 배틀'은 1인당 GDP 3만 달러 시대에 따라붙은 기이한 역설을 드러냅니다.

평등은 긴 역사적 뿌리를 가진 중요한 가치이지만, 시대와 맥락에 따라 새롭게 해석되어야 합니다. 우리가 처한 현실은 평등을 둘러싼 위와 같이 모순적이고 갈등적인 상황에서 새로운 길을 찾으라고 요구하고 있습니다. 그러기 위해서는 평등의 가치를 다시 들여다

보고 서로 대화해야 합니다. 이 책은 그러한 대화를 위해 필요한 질문을 던지고자 썼습니다.

- 평등은 왜 소중한 가치인가?

- 불평등과 양극화는 그대로 두어서는 안 될 만큼 심각한가?

- 불평등은 능력과 노력에 따른 정당한 격차인가?

- 능력과 노력에 따라 보상의 차이가 커야 한다는 생각은 공정한가?

- 자유롭고 평등한 시민들이 공정한 분배를 이루려면 무엇을 해야 하는가?

- 오로지 기회의 평등만 추구해야 하는가? 결과의 평등은 결코 불가능한가?

다음 장부터 이러한 질문에 대한 대답을 함께 찾아보려고 합니다. 그 전에, 평등과 공정을 탐구하는 우리에게 도움이 될 만한 이야기를 소개합니다. 『논어』 「위령공」편입니다.

공자의 제자 자공이 공자에게 물었다.
"제가 평생 실천해야 하는 것을 한 단어로 가르쳐 주신다면, 그 말은 무엇입니까?"
공자가 대답했다.
"그것은 헤아릴 서恕다. 내가 바라지 않는 것이라면 남에게도 하지 마라己所不欲 勿施於人(기소불욕 물시어인)."

'서(恕)'란 '용서'의 서입니다. 서란 마음(心)으로 같아지는(如) 것으로 '헤아려 이해하다.'라는 뜻입니다. 공자는 인간은 타인과 같이 살아가야 하는 존재이고, 같이 살아가려면 반드시 타인의 처지를 헤아려 이해해야 한다고 여겼습니다. 남에게 어떤 행동을 하거나 하지 않을 때, '내가 저 사람 입장이라면 지금 내가 하려는 이 선택을 흔쾌하게 받아들일 수 있을까?'라고 스스로에게 물어보고, '누구의 입장에 서든 받아들일 수 있다.'라는 답을 얻을 때 그 행동을 하라는 것이지요. 〈여우와 두루미〉 우화에 나오는 두 동물이 남을 헤아려 이해할 줄 알았다면, 여우가 두루미에게 식사를 접시에 담아 내놓거나 두루미가 여우에게 식사를 호리병에 담아 내놓지 않았겠지요.

　이때 '헤아려 이해하다.'는 단순히 상대방이 기분 나쁘지 않게 하라는 에티켓 차원을 넘어섭니다. 이것은 정의 원칙을 세우는 문제입니다. 뒤에서 논의하겠지만, 정의란 하늘에서 뚝 떨어진 규범이 아니라 평등한 시민들이 서로의 이익을 동등하게 존중하기로 하고 공정한 절차를 거쳐 합의하는 규칙입니다. 특히, 사회의 가치 있는 것들을 사회 구성원들 사이에 어떻게 나눌지, 어떨 때 차등적인 분배를 허용해야 하는지가 정의를 둘러싼 논의의 핵심입니다. 이러한 정의를 '분배 정의'라고 합니다.

　분배 정의, 곧 공정한 분배를 고민할 때 필요한 태도는 서, 헤아려 이해하려는 태도입니다. 헤아려 이해하는 태도를 가진다는 건 오로지 내 이익이 줄었는지 아닌지에만 관심 두는 태도나 나에게 중요한 가치나 기준이면 남들도 당연히 받아들여야만 한다는 태도에

서 벗어난다는 뜻입니다. 자신과 타인의 처지를 두루 고려하고, 역지사지해 보고, 맥락과 상황을 꼼꼼히 따져, 특정한 어느 이익에 편중되지 않고 판단하는 것을 말합니다.

헤아려 이해하려는 마음으로, 평등한 시민들의 정의로운 관계를 탐색해 봅시다.

2
평등은 어떻게
'상식'이 되었을까?

이 자리에서
/
커피를
/
마시겠습니다

 1960년 2월 1일, 미국 노스캐롤라이나주의 작은 도시 그린즈버러. 네 명의 청년이 '울워스'라는 잡화점 겸 간이식당의 테이블에 앉아 커피를 주문했습니다. 그런데 울워스 지배인은 주문을 받지 않고 그들을 노려보더니 "다른 자리로 옮겨라." 하고 말했습니다.
 그들이 흑인이었기 때문입니다. 그 당시 미국 남부 주들에서는 '인종 분리'란 이름의 인종 차별이 공식적·관습적으로 행해졌습니다. 식당에도 백인 전용 테이블과 유색인 전용 테이블이 따로 있었습니다. 울워스는 한가운데 큰 카운터 테이블이 있었는데 이는 백인만 쓸 수 있었고 흑인들은 구석의 유색인 자리에서 먹어야 했습니다. 이 흑인 청년들이 그런 관행을 알면서도 일부러 백인 전용 테이블에 앉아 커피를 주문했던 겁니다.

 우리는 이 자리에서 마실 테니, 주문한 커피를 주시죠.

커피를 줄 때까지 돌아가지 않을 겁니다.

흑인 대학생 데이비드 리치먼드, 프랭클린 매케인, 이젤 블레어, 조지프 맥닐은 그렇게 말하며 자리에서 버텼습니다. 백인 지배인은 "왜 백인 자리에 와서 이러느냐, 너희 자리로 가라." 하면서 청년들에게 윽박지르고 욕했습니다. 식당 안의 백인 손님들 역시 인종 분리라는 엄연한 질서를 거스르는 이 청년들을 비난하였죠. "어디 흑인이 감히 백인들 테이블에 앉아? 지배인, 경찰을 불러 저놈들 잡아가게 하쇼."

당시 남부 주들에서 법은 백인들 편이었고 경찰도 죄다 백인이었습니다. 그러거나 말거나, 청년들은 주문한 커피를 달라며 식당 문이 닫힐 때까지 테이블에서 일어나지 않았습니다. '그린즈버러 식당 연좌시위 운동sit-in'의 시작이었습니다.

다음 날, 네 청년은 다시 식당에 왔습니다. 이번엔 인근의 흑인 대학생 스무 명이 같이 왔지요! 청년들은 또 백인 테이블에서 음식을 주문했고, 주문이 거부되자 또 하루 종일 버텼습니다. 다음 날인 2월 3일, 고등학생을 포함한 60여 명의 흑인 청년들이 울워스를 꽉 채웠습니다. 그들은 울워스의 테이블 인종 분리 방침을 폐지할 것을 요구했습니다. 지배인이 울워스 본사에 연락해 대응책을 물었으나 본사는 인종 분리 방침을 고수하라고 지시했습니다. 식당은 여전히 흑인들의 식사 주문을 거부했습니다.

그린즈버러 연좌시위 운동은 1950년대부터 일어난 흑인 민

권 운동의 하나였고 이후 민권 운동에 큰 영향을 주었습니다. 소나기 온 뒤에 풀이 번지듯, 연좌시위 운동은 노스캐롤라이나주의 다른 도시들로 그리고 여러 남부 주들로 퍼져 나갔습니다. 남녀 흑인 청년들은 식당의 백인 좌석에 앉아 주문하고, 백인들로부터 "너희 자리로 가라.", "여기에서 꺼져라." 같은 폭언을 듣고 때로 두드려 맞으면서 그 자리에서 버텼습니다. 출동한 백인 경찰이 흑인 청년들을 두들겨 패며 식당에서 끌어내기도 했지요. 그렇지만 연좌시위 운동은 철저히 평화적인 방식으로 계속 이어졌습니다.

흑인 청년들은 연좌시위와 함께 불매 운동을 벌였고, 이에 양심적인 백인들도 동참하자 울워스의 매출은 폭락했습니다. 전국의 언론이 연좌시위 운동을 대대적으로 보도하고 진보적인 정치인들이 청년들을 지지하며 나서자 울워스 본사는 궁지에 몰렸습니다. 마침내 6월 25일, 연좌시위 운동이 일어나고 넉 달이 지나서야 울워스는 테이블 인종 분리 방침을 폐지하겠다고 발표했습니다. 다른 많은 식당들도 연좌시위 운동에 밀려 울워스의 뒤를 따랐습니다. 백인이든 흑인이든 테이블 구분 없이 자유롭게 식사할 수 있게 된 것이죠.

울워스의 카운터 테이블은 현재 워싱턴 D.C 스미스소니언 박물관으로 옮겨져, 미국 흑인 민권 운동의 역사적 상징으로 보존되고 있습니다. 그 네 청년들이 테이블에 앉은 채 결연한 눈빛으로 카메라를 응시하는 사진°은 지금 보아도 감동을 줍니다. 커피 한 잔 주문하는 일조차 흑인은 백인의 눈치를 봐야 했던 시대에, 이 청년들은 인종 차별에 굴복하지 않겠다며 용감하게 맞섰습니다. 그들의 행동은

울워스 연좌시위 운동의
시발점이 된 네 명의 흑인.

수많은 사람들의 가슴에서 용기와 양심을 이끌어 냈습니다.

역사는 이처럼 동등한 인간으로 대접받기 위한 투쟁으로 가득 차 있습니다. 고대 로마의 검투사 노예였던 스파르타쿠스의 반란, 1789년 바스티유 감옥을 무너뜨리며 일어난 프랑스 대혁명, 1894년 죽창을 들고 관군과 맞서며 일어난 동학 농민 혁명…….

"어디 너희 같은 아랫것들이 감히 우리와 똑같은 대접을 바라?" 하며 당대의 지배 세력과 주류 집단이 무시하고 억눌렀어도, 사람들은 평등한 인간으로 대우받기를 포기하지 않았습니다. 이들의 저항이 있었기에 '인간은 평등하다.'라는 생각이 보편적 상식이 되었습니다.

그런데 뒤집어 생각하면, 그처럼 차별이 심한 시대에도 누군가는 '인간 평등'을 이미 상식이라 여기고 있었다는 겁니다. "왕후장상의 씨앗이 따로 있는가!", "아담이 밭 갈고 이브가 베 짤 때 귀족이 어디 있고 평민이 어디 있었는가!" 하며 일어난 민중 반란들은 모두 그 시대에 이미 존재한 '평등사상'에서 영향을 받았습니다. 프랑스 혁명의 지도자들이건 여성 해방 운동의 주역들이건, 이미 인간은 평등하다는 생각을 신념으로 삼아 현실의 불평등을 비판하고 개혁을 요구했던 겁니다.

이건 마치 우리가 맛의 감각이 없다면, 음식에 대해 맛이 있다, 없다는 평가를 아예 내릴 수 없는 것과 마찬가지입니다. 음식 맛을 평가할 수 있는 건 맛의 감각을 가지고 있기 때문이지요. 인간이 평등하다는 믿음 즉 평등사상이 아예 없다면 차별당하고 지배받아

도 억울하다는 생각조차 못했을 겁니다. 양반과 자기의 신분은 하늘과 땅처럼 다르다고 믿는 평민이라면 죽창을 들고 양반의 저택을 공격하는 건 꿈에도 상상하지 못할 겁니다. 양반의 명령에 잘 따르는 게 자신의 본분이라 여겼겠지요.

그렇다면, 인간은 모두 평등하다는 생각이 어떻게 인류의 상식이 된 것일까요? 즉 평등사상이 어떻게 생겨났으며 발전하여 오늘날에 다다른 것일까요? 이 장에서 그것을 살펴보려 합니다. 미리 말하자면, 과거의 평등사상과 현재의 평등사상은 그 내용이 결코 같지 않습니다. 현대의 평등사상은 서구 근대 사회가 형성되면서 함께 발전했습니다. 근대란 중세와 현대 사이의 시대로, 시민 혁명으로 중세 사회가 해체되면서 출현했습니다. "인간은 평등하다."라는 말의 의미는 근대 이전과 이후로 나뉘며 달라졌습니다.

하늘의 법을 이유로

/

왕을 거역한

/

안티고네

아니, 이건 인간 뼈잖아?

2017년, 신라 시대 유적인 경주 월성을 발굴 조사하던 조사단은 성곽 밑에서 인골 두 구를 발견했습니다.° 이 인골은 1,500년 전의 것으로, 성곽을 건설할 때 제물로 파묻었다고 추정됩니다. 사람을 희생 제물로 쓰는 것을 '인신 공양'이라고 하는데, 신라 시대에는 큰 공사를 무사히 마무리하게 해 달라고 기원하며 인신 공양 하는 풍습이 있었던 것 같습니다.

우리나라뿐만 아니라 여러 고대 문명에서 초기에는 인신 공양이나 순장 풍습이 존재했습니다. 순장이란, 권력자가 죽으면 시종이나 시녀를 산 채로, 또는 죽여서 같이 껴묻는 장례 풍습이지요. 인신 공양과 순장은 노예 제도와 함께 과거의 야만적인 인습입니다. 인신 공양과 순장은 차차 사라졌지만, 노예제는 오랫동안 존속되었습

KBS, 「경주 월성 성벽 아래 인골…
'인신 공양' 추정」, 2017. 5. 6.

니다. 연구에 따르면, 조선 시대에 '말하는 가축' 취급을 받던 노비가 인구의 30%에서 많을 땐 거의 절반에 이르렀다고 합니다.

　이처럼 역사에서 오랫동안 인간은 다른 인간을 도구나 가축처럼 다루고는 했습니다. 그러다가 언젠가부터 '인간은 모두 동등한 가치를 지니고 있다'는 생각이 퍼지게 됩니다. 이는 인식의 혁명적 전환입니다. 전환의 계기는 '자연법사상'과 '자연권 사상'의 출현입니다.

　자연법이라 하면 자연 보호에 관한 법으로 오해하는 사람이 있더군요. 아닙니다! 고대인들은 우주 만물을 관할하는 초월적인 법이 있다고 믿고 그 법을 자연법이라 불렀습니다. 국가의 법 즉 인위적으로 만든 법과 비교해서 자연법이란 이름을 가지게 되었는데, 우주의 섭리라고 이해해도 크게 틀리지 않습니다. 자연법사상이란, 자연법이 존재하고 인간 세계에 영향을 미친다는 사상입니다. 고대 그리스 극작가 소포클레스가 쓴 비극 「안티고네」는 자연법이 당시 사람들에게 가지는 의미를 보여 줍니다.

　안티고네는 테베 왕국의 공주입니다. 두 오빠인 에테오클레스와 폴레네이케스는 서로 자기가 왕위를 물려받아야 한다며 대립해요. 그러다가 에테오클레스가 외삼촌인 크레온의 도움을 받아 폴레네이케스를 추방하고 왕좌를 차지합니다. 하지만 원한에 찬 폴레네이케스는 나라 밖에서 군사를 모아 테베를 침공하고, 에테오클레스와 폴레네이케스는 전투에서 맞붙어 둘 다 전사하고 맙니다. 형제

가 권력 다툼을 하다가 비극적인 최후를 맞은 거죠.

조카 대신 왕위에 오른 외삼촌 크레온은, 에테오클레스는 진정한 애국자라며 성대히 장례식을 치르고 '반역자' 폴레네이케스의 시신은 들판에 버려두어 짐승의 밥이 되게 하라고 명령합니다. 한술더 떠 "폴레네이케스의 시신을 매장하거나 장례를 치르는 이는 사형에 처한다."라는 명령까지 내립니다. 크레온의 서슬 퍼런 명령에 모두들 눈치만 보고 있는데, 안티고네는 오빠인 폴레네이케스의 시신을 들판에 버려둘 수는 없다며 시신을 거두러 갑니다. 간 크게도 왕명을 대놓고 거역한 것이지요.

결국 안티고네는 체포되어 크레온의 엄한 신문을 받습니다. 안티고네는 크레온에게, 왕의 명령보다 신의 명령이 중요하다고 말합니다. 신은 인간에게 형제의 시신을 예를 갖춰 매장하라고 명령한다면서 말이죠.

크레온: 네가 감히 국법을 위반했단 말이지?

안티고네: 네, 그 법은 제우스신께서 만든 법이 아니니까요. 정의의 신은 이런 법을 세상에 반포하신 적이 없습니다. 인간의 글로 쓰이지만 않았을 뿐 영원한 하늘의 법을 어길 수 있을까요? 저는 왕께서 정하신 법이 하늘의 법과 같은 힘을 지니고 있다고는 생각지 않습니다. 하늘의 법은 어제오늘에 생긴 것이 아니며 아무도 그 법이 언제 생겼는지 알지 못합니다. 저는 인간의 자존심은 두려워하지 않지만 신 앞에서 하늘의 법을

어겼노라고 대답할 수는 없습니다.

_ 소포클레스, 「안티고네」 중에서

안티고네 이야기는 고대인들에게 무척 중요했던 질문, "인간은 어떤 규범에 따라 살아야 하는가?"를 다룹니다. 국가의 실정법을 지키는 것은 일반적으로 옳지만, 이는 실정법이 '하늘의 법' 혹은 자연의 섭리를 충실히 따른다는 조건에서입니다. 만약 실정법이 하늘의 법과 충돌한다면? 안티고네의 행위는 이럴 때 하늘의 법이 우선이라는 사람들의 생각을 대변합니다. 나라의 법은 하늘의 법에 그 근원을 두고 있습니다. 따라서 나라의 법이 하늘의 법에 앞설 수는 없다는 거죠.

그리스와 로마의 철학자들은 '하늘의 법이 반드시 존재한다'는 생각을 자연법사상으로 발전시켰습니다. 고대 사람들은, 만물의 위에 존재한다고 믿는 자연법에서 '인간은 평등하다'는 생각을 끌어냈습니다. 안티고네가 폴레네이케스를 들판에 버려두라는 크레온의 명령에 저항한 이유는, 신의 법은 죽은 사람을 차별 대우 하지 않을 것이기 때문입니다.

로마 공화정 말의 철학자 키케로는 『국가론』에 이렇게 썼습니다. "자연에 부합하며 만민에게 적용되는 불변의 법이 존재한다. 사람들은 그 법의 명령에 따를 의무를 가진다." 국가가 이해관계가 다른 개인과 집단을 법으로 다스려야 한다면, 그 법은 특수한 이해관계를 초월한 보편적이고 영원한 자연법에 근거해야 한다고 로마인들

니키포로스 리트라스의 〈죽은 폴레네이케스 앞에 선 안티고네〉.

은 생각했습니다. 초월적이고 보편적인 자연법의 눈으로 보면 그 법 아래 있는 모든 이가 평등합니다. 사람의 눈으로 보면 땅 위의 개미들이 다 고만고만해 보이는 것과 비슷하지요. 로마의 스토아학파는 이 자연법을 로고스^{logos}라고 규정했는데, 로고스는 초월적인 이성理性을 뜻합니다. 만물을 조화롭게 관장하는 절대적인 이성이 곧 자연법인 거지요.

자연법,
/
인간 평등을
/
말하다

할리우드 영화에는 '지구를 살리려면 넘쳐 나는 인간을 줄여야 한다'고 믿고 핵무기나 그보다 무서운 무기를 이용해 인류의 상당수를 없애려고 드는 미친 과학자가 종종 나오지요. 이 과학자는 특정한 개인에게 원한이 있어서가 아니라 지구 전체를 위한다는 신념으로 이런 일을 벌입니다. 이 과학자는 인구를 줄이겠다며 대학살을 시도하지만 구체적으로 누구를 죽이고 살릴지 판단하지 않습니다. 죽고 사는 건 각자의 운이라는 거죠. 과학자는 순전히 자기만의 망상인 '지구를 위한 최선의 선택'을 인류에게 '평등하게' 적용하려고 합니다. 그러다가 정의의 히어로에게 끝내 비참한 최후를 맞지만 말이죠.

고대 자연법사상은 이와 비슷한 면이 있습니다. 과학자의 무기 앞에 똑같은 운명에 처한 인류가 그 점에서는 평등하듯, 자연법의 적용을 받는다는 점에서는 인간은 평등합니다. 하지만 자연법의 세계에서 인간은 우주의 섭리를 이루는 재료일 뿐 하나하나의 존엄한

인격체가 아닙니다. 이것이 자연법사상의 평등이 '인간은 수단이 아니라 목적'이라고 본 근대의 평등사상과는 다른 점입니다. 고대 그리스·로마인들은 인간이 자연법 아래 평등하다고 여기면서도 노예를 데려다 일을 시키고 검투 시합을 강요해 그것을 오락거리로 즐겼습니다. 그들이 노예인 건 자연법에 따른 그들의 운명이라 여겼기 때문이지요.

게다가, 자연법의 섭리를 해석하는 건 항상 지배 엘리트들의 몫이었습니다. 지배 엘리트들은 민중을 향해 자기들에게 복종하는 것이 하늘의 섭리라고 가르쳤습니다. 자연법사상은 제국의 지배 논리로도 활용되었습니다. 제국의 권력자들은 변두리 토호국의 왕이 백성을 '자연법에 어긋나게' 다스리고 있다고 비난하면서 그 땅을 침략하였지요. 제국의 통치하에 만민이 '평등한 대우'를 받는 것이 곧 자연법을 따르는 것이라면서요. 정의는 제국의 정의였고, 평등은 제국의 백성이 됨을 의미했습니다. 그래서 자연법사상은 로마 제국과 아무런 갈등을 빚지 않았습니다. 죽음의 규칙을 평등하게 강요하는 영화 속 과학자처럼 로마 황제도 제국에 복종할 의무를 평등하게 만백성에게 강요했습니다.

기독교가 이런 로마 제국의 변방에서 출현했습니다. 기독교의 유일신 사상은 자연법사상과 아주 잘 어울렸습니다. 기독교의 신은 곧 만물의 주관자로 여겨졌으니까요. 기독교는 신의 정의와 자비 아래 모든 사람이 평등하다고 이야기했습니다. 로마 황제도 신의 눈으로는 다른 인간과 똑같다는 거지요. 로마 제국에서 핍박받던 여러 민족들에게 매력적인 이야기 아닌가요? 그러면서 기독교는 빠르게

퍼졌습니다. 기독교가 성장하여 마침내 로마 제국의 국교가 되었을 때, 자연법은 '기독교 신의 법'으로 변모했고, 자연법사상은 기독교 사상 속으로 흡수되었습니다.

기독교는 신 앞에 모두 평등하다고 설교했습니다. '신 앞의 평등'은 고대 자연법보다 강력한 평등사상이었습니다. 초기 기독교에서는 신의 자녀가 되기로 한 신도들이 사유 재산을 포기하고 공동생활을 하는 방식으로 평등을 실천하였습니다. 병자와 과부와 가난한 사람도 신의 자녀이므로, 교회 공동체는 그들에게 자비를 베풀어야 할 의무가 있었습니다. 하지만 이때에도 인간을 권리를 가진 주체로 대우한 것은 아닙니다. 인간은 신 앞에 선 '평등한 피조물'로 여겨졌습니다. 신 앞의 평등은 달리 말하면 신 앞에 '죄인으로서 평등'이었지요.

성직자들은 현세에 불평등이 존재하더라도 신이 그 불평등을 만들었다면 다 이유가 있다고 설교했습니다. 신약 성서에는 이렇게 쓰여 있지요. "사람은 위에 있는 권세에 순종해야 합니다. 권세는 하느님이 정하신 것이기 때문입니다." 백성에게는 국왕, 귀족, 교회에 순종할 의무가 주어졌습니다. 현실에서 궁핍과 속박을 잘 견디는 건, 내세에서 복락을 누리기 위해 통과해야만 하는 일종의 테스트로 여겨졌지요.

한편 교회는 백성에게 수탈한 세금으로 나날이 부유해지고 더 큰 권력을 누렸습니다. 그래서 중세 유럽에서는 "청빈했던 초기 교회로 돌아가자."라며 교회 개혁 운동이 종종 일어났고, 때로는 교

회의 재산을 빼앗아 가난한 사람에게 나눠 주고자 한 급진파들도 나타났습니다. 하지만 이런 평등주의적 개혁 운동은 이단으로 낙인찍혀, 주동자는 종교 재판에서 화형에 처해지고 그를 따르는 무리는 탄압당해 흩어지곤 하였지요.

고대 자연법사상의 의의는, 개인이나 특정 집단을 초월한 보편적인 정의가 존재하며, 그 정의 아래에 만민이 평등하다고 한 것입니다. 하지만 고대 자연법사상과 그 뒤를 이은 기독교적 평등사상은 백성에게 '동등한 순종의 의무'를 강요하였습니다. 역설적이지만 그 평등은 신분 제도 및 특권층의 지배와 잘 어울렸습니다. 교회는 '신이 사랑하는 자녀'인 백성에게 자선을 베풀 의무가 있었지만, 백성이 교회나 국가에 무언가를 요구할 권리는 인정되지 않았습니다.

동양에서는 어떠했을까요? 유럽의 자연법 개념과는 다르지만 고대 중국에도 그와 유사한 내용이 있습니다. '예禮'가 그것인데요, 예란 사람들이 지켜야 할 본분과 의무를 규정하는 질서입니다. "군주에겐 군주의 예가 있고 신하에겐 신하의 예가 있다."라고 할 때의 예는 일종의 신분별 행동 매뉴얼이지요. 예도 자연법처럼 모두에게 보편적으로 적용된다고 여겨졌습니다.

다만 그리스와 로마의 자연법이 천상의 초월적 존재에 의해 만들어진 것으로 여겨졌다면, 중국의 예는 자연스럽게 창조되어 존재하는 질서로 인식되었습니다. 공자는 인간이 본능적 이기심에 휘둘리는 경향을 이겨 내고 예로 돌아가는 것을 '극기복례克己復禮'라고 하여 도덕의 핵심으로 보았습니다. 맹자는 폭군은 마땅히 끌어내려

야 한다는 '폭군방벌론'을 주장했는데, 예를 따르지 않고 권력을 남용하는 임금은 자격이 없다는 것이지요. 그런 점에서 예 사상은 상당한 급진성을 가진다고도 하겠습니다. 그러나 예 사상 역시 신분 제도가 본연의 질서라고 전제합니다. 예 사상은 위정자에게 백성을 사랑할 의무를 강조하되 백성이 위정자에게 무언가를 요구할 권리는 인정하지 않습니다. 예 사상 역시 근대적 평등사상과는 전혀 다릅니다.

자연권,
/
양도할 수 없는
/
인간의 권리

　유럽에서 계몽사상이 퍼지고 과학 혁명이 일어나 기독교 세계관을 밀어냅니다. 사회를 바꾸려는 대중의 의지와 욕망은 시민 혁명으로 터져 봉건 왕정과 신분 제도를 무너뜨립니다. 이리하여 근대 사회가 열립니다. 그와 함께 자연권 사상이 등장합니다.

　자연법이 간단히 말해 하늘의 법이라고 한다면, 자연권은 하늘로부터 인간이 받은 권리를 말합니다. 인간이 태어날 때부터 갖게 되는 권리이지요. 근대인들은 인간이 만든 법 위에 자연법이 있듯, 인간들의 사적 계약에서 비롯되는 권리보다 자연권이 우선한다고 생각했습니다. 자연권 사상을 크게 발전시킨 사람으로 네덜란드의 법철학자 휘호 흐로티위스[1583-1645]를 꼽을 수 있습니다. 흐로티위스는 '30년 전쟁[1618-1648]'이 한창인 시기에 『전쟁과 평화의 법』이라는 책을 썼습니다. 30년 전쟁은 마르틴 루터가 시작한 종교 개혁 운동의 여파로 벌어진 전쟁입니다. 그 전까지 하나의 기독교로 통합되어

30년 전쟁 중 붙잡힌 포로를 처형하는 비극적 장면을 그린 자크 칼로의 〈교수형〉.

있던 유럽에서, 가톨릭과 개신교로 여러 군주국들이 쪼개져 전쟁까지 벌인 거죠. 가톨릭과 개신교 사이의 적대감, 군주들 사이의 정치적 원한이 겹쳐 전투는 격렬했습니다. 전쟁의 무대였던 독일은 완전히 황폐해졌습니다. 오랜 전쟁 끝에 지친 교전국들은 독일 베스트팔렌 지방에서 '베스트팔렌 조약'을 맺고 전쟁을 끝냈는데, 베스트팔렌 조약의 주된 내용은 각국의 국경선을 명확히 정하고 더 이상 자국 종교를 다른 나라에 강요하지 않는다는 것이었지요.

중세 유럽에서 로마 교황은 그 어떤 군주보다 강한 권력을 가졌고, 가톨릭교회는 그 어떤 나라 정부보다 정치적 영향력이 컸습니다. 하지만 30년 전쟁의 종식과 함께 교회의 절대 권한은 막을 내렸습니다. 더 이상 교회 권력은 국가의 주권보다 우위에 설 수 없었지요. 교회는 점차 영적 인도자의 자리로 물러나고 국가의 주권이 세어졌습니다. 그러면서 국가는 지금까지 그랬던 것처럼 신의 권위를 빌려 통치의 정당성을 설명할 수는 없었습니다.

이런 상황에서 흐로티위스는 정치 공동체의 주권을 신이 아니라 자연법에서 찾자고 주장했습니다. 다만 흐로티위스가 말하는 자연법은 이미 기독교에 흡수되어 버린 초월적인 고대의 자연법이 아니라, '자연 상태의 인간들이 평화롭게 공존하도록 이끄는 이성적인 원리'였습니다. 흐로티위스는 자연법을 인간 본성을 반영한 규칙이자 질서라고 해석한 것이죠.

흐로티위스는 '자기를 방어하고 보전할 권리'는 인간의 원초

적 권리라고 생각했습니다. 자신의 생존과 안전은 그 누구라도 양보할 수 없는 것이기 때문입니다. 타인에게 해를 끼치지 않는 한 누구나 자신을 지키고 보전할 수 있다, 이것이 흐로티위스의 '자연권'입니다. 흐로티위스는 인간이면 누구나 자연권을 가지며 다른 모든 권리는 자연권으로부터 도출된다고 하였습니다. 가령 내가 사냥하여 먹고 사는 사람이라면, 머물고 있는 곳에 더 이상 사냥감이 없을 경우 생존하려면 다른 사냥터를 찾아 옮겨야겠지요. 이 사람이 생존할 권리를 인정한다면 그가 이주할 권리도 인정해야 합니다. 이렇게 도식화할 수 있겠지요.

자연권 사상은 이후 여러 철학자들에 의해 발전합니다. 토마스 홉스[1588-1679]는 '자기 보전'이 자연권의 핵심이라고 했습니다. 자연상태에서 '죽음을 피하려는 의지'야말로 인간의 기본적인 관심사이기 때문이지요. 존 로크[1632-1704]는 '자기 소유'를 자연권의 핵심으로 보았는데, 인간은 자기 자신을 소유할 권리를 가지고 있으므로 자기

노동의 생산물도 소유할 권리가 있다고 로크는 주장했습니다. 장 자크 루소[1712-1778]는 자연권은 안전이나 소유에 국한되지 않는, '타인의 지배에서 독립할 권리'라고 주장하였습니다. 타인의 지배를 받지 않기 위해서는 정치적 평등과 나아가 재산 소유의 평등도 필요하다고 루소는 주장했습니다.

임마누엘 칸트[1724-1804]는 "인간은 타인의 목적을 위한 수단이 될 수 없고 언제나 목적으로 존중받아야 한다."라고 하였습니다. 그러면서 자연권의 위상을 보편 인권으로 발전시켰습니다. 인간에게는 국가 이익이나 공동체 안전 등 어떤 명분으로도 결코 침해해선 안 되는 권리가 있다는 것이죠. 칸트의 관점은 이후 자유주의 철학의 기초를 이룹니다. 자유주의 철학은 타인의 자유를 침해하지 않는 한 개인의 자유가 절대적으로 보장되어야 한다는 것, 정부의 존재 이유는 개인의 자유를 보장하기 위해서라는 것을 강조합니다.

인간이 자연권을 가진다는 말은 그가 속한 공동체가 그 권리를 존중하고 보호할 의무를 진다는 뜻입니다. 타인이 나의 권리를 인정하고 존중하지 않으면 나의 권리는 올바로 행사될 수 없으니까요. 정부는 개인의 자연권을 최대한 보호하겠다고 약속할 때에만 통치의 정당성을 얻게 됩니다. 달리 말하면 자연권을 침해하는 정부는 통치의 정당성을 잃은 정부이며, 시민들은 그 정부를 교체할 수도 있습니다. 이런 생각은 근대 시민 혁명의 근거가 되었습니다.

입법부는 일정한 목적을 위해서만 활동할 수 있는 위임된 권

력이므로, 입법부가 그들에게 위임된 것에 반해서 행동할 때 입법부를 폐지하거나 변경할 수 있는 최고 권력은 인민에게 있다.

_ 존 로크, 「통치론」 중에서

자연권 사상은 이처럼 사람들에게 신분 제도나 교회 및 특권층에 무조건 복종할 필요는 없다는 생각을 고무했습니다. 그러자 중간 계급이 자연권 사상을 강력하게 지지합니다. 중간 계급이란 근대에 점점 그 힘이 커진 '평민 내 엘리트 집단'을 말합니다. 상인, 법률가, 언론인, 전문 기술자, 소기업가 등이 중간 계급을 구성하였지요. 이들은 자기들의 능력과 행운에 힘입어 점점 재산을 늘리고 사회적 영향력을 키웠습니다.

중간 계급은 특권 지배층의 여러 간섭으로부터 벗어나길 원했고, 나아가 특권층이 가진 지위와 권력을 자기들도 가지고 싶어 했습니다. 중간 계급은 인간이 자연권을 지니며 평등하다는 사상을 알게 되자 이 사상을 특권 지배층에게 들이댈 무기로 삼았지요. 중간 계급은 특권층이 기득권을 자기들에게도 나눠 줄 거라고 기대할 때에는 특권층과의 타협을 선호했습니다. 하지만 특권층이 힘으로 자기네 기득권을 지키려고 하자, 중간 계급은 가난한 하층 민중하고 연합하여 지배층을 무너뜨렸습니다.

1789년에 프랑스에서, 중간 계급이 주도하는 '국민 의회'가 구성되었습니다. 국민 의회는 국왕 루이 16세의 절대 왕권을 제약하

는 헌법을 제정하려 시도했고, 이를 용납할 수 없던 국왕은 군대로 국민 의회를 누르려 합니다. 국왕의 군대가 움직인다는 사실을 안 파리 시민들은 '국왕 폭정의 상징'으로 여겨져 온 바스티유 감옥을 공격합니다. 민중들은 바스티유 감옥을 지키는 국왕의 수비대를 죽이고 갇혀 있던 정치범들을 풀어 주었으며 아예 감옥을 산산조각 내 버렸습니다.(나중에 알고 보니 정치범은 없었고 일반 범죄자와 술주정뱅이가 풀려났다고도 합니다.)

바스티유 함락은 프랑스 대혁명의 신호탄이 됩니다. 국왕과 특권층에게 오랫동안 쌓여 온 민중의 분노가 폭발했습니다. 신분 상승이 좌절되어 불만에 찬 중간 계급, 특권층에게 착취당하며 적개심을 키운 하층 민중, 자유와 평등을 내건 자연권 사상이 하나로 결합하자 혁명의 해일이 일어나 나라를 휩쓸었습니다. 세습 귀족들은 분노한 민중의 손에 목숨을 잃거나 해외로 망명했습니다. 민중의 피땀을 착취해 자기네 안락을 누린 특권층은 역사의 응징을 받아 권력 무대에서 밀려나게 되지요.

중간 계급이 주도하는 국민 의회는 바스티유가 함락되자 혁명의 기운에 떠밀려 총 17조의 '프랑스 인권 선언'을 통과시켰습니다.

제1조. 인간은 그들의 권리에 있어서 자유롭고 평등하게 태어났다. 시민 사이의 불평등은 오로지 공공의 이익에 부합할 때에만 있을 수 있다.

제2조. 모든 정치적 결사는 인간의 자연적이며 침해할 수 없는 권리의 보전을 목적으로 한다. 그 권리는 자유, 재산 소유, 안전, 그리고 압제에 대한 저항이다.

프랑스 인권 선언은 "모든 인간은 창조주로부터 생명·자유·행복 추구라는 양도할 수 없는 권리를 부여받았다."라는 미국 독립 선언서와 더불어 현대 평등사상의 토대를 이룹니다. 프랑스 대혁명은 유럽 여러 나라의 시민 혁명을 촉발하였고, 낡은 신분 제도는 연이은 시민 혁명에 의해 해체되었습니다. 시민의 평등은 정치 공동체의 기본 원칙으로, 그리고 사회의 보편적 상식으로 여겨지게 되었지요. 물론 이 '시민'이 중간 계급 남성의 의미를 넘어 노동 계급, 빈민, 여성까지 포함하게 되는 건 오랜 시간 치열한 투쟁이 있고 나서입니다.

인간이 평등한 이유?

/

인권이 있기 때문

1550년, 스페인 바야돌리드에서 교황의 특사가 주재하는 대규모 회의가 열렸습니다. 주제는 '신대륙 아메리카에서 원주민을 노예로 부려도 되는가.'였죠. 스페인 정복자들은 아메리카 원주민을 노예로 잡아 부리며 대농장을 경영하였고 막대한 부를 쌓아 올렸습니다. 그들의 가혹한 수탈로 원주민 인구가 급감하자 스페인에서 양심적 지식인과 성직자를 중심으로 "이런 잔인한 노예 제도를 유지하는건 그리스도인으로서 부끄러운 일이다."라는 비난이 커졌습니다. 그것이 이 회의가 개최된 배경이었지요.

회의가 시작되자마자 격렬한 논쟁이 벌어졌으며 고성이 오갔습니다. 스페인의 아메리카 정복과 원주민 노예화를 옹호한 학자 세풀베다가 말했습니다.

인디오(남아메리카 원주민을 가리키는 말)들은 이성을 가진 존재

들이라 할 수 없소. 그들은 옷도 입지 않고 글을 읽을 줄도 모르며 자기 아이들을 종종 살해합니다. 한마디로 그들은 인간이 아니며, 인간으로서 권리를 주장할 수 없습니다. 따라서 그들을 노예로 삼아 부리는 건 가축을 부리는 것과 마찬가지여서 신의 섭리에 비춰도 어긋남이 없소!

인디오가 갓난아기를 종종 죽인 것은 사실이나, 그 이유는 침략자가 공격해 올 때 부부가 업거나 안고 뛸 수 있는 아이의 수가 제한적이기 때문입니다. 아이가 많으면 시간을 지체해 침략자에게 붙잡혀 다 죽거나 노예가 됩니다. 그런데 그 침략자는 바로 스페인인이었습니다. 세풀베다의 말은 이런 맥락을 은폐한 기만적인 주장이었죠.

세풀베다의 말이 끝나자 아메리카에서 선교 활동을 해 온 라스 카사스 주교가 나섰습니다. 라스 카사스는 차분하지만 힘 있는 말로 세풀베다 박사를 반박했습니다.

원주민들은 유럽과는 다르지만 그들 고유의 문명을 가진 이성적 존재입니다. 이성을 가졌으므로 설득하고 교육하면 그리스도를 받아들일 것이며, 그런 그들에게 강압적인 방법을 써서는 안 됩니다. 원주민은 신이 만든 자연법이 보장하는 권리를 가지고 있습니다. 유럽인에겐 원주민의 땅을 빼앗고 그들을 노예로 삼을 어떠한 합법적 권한도 없습니다.

라스 카사스 주교는 당시 스페인의 주류적인 분위기에 맞서서 유럽인은 원주민과 평화롭게 교류해야 한다고 주장했습니다. 라스 카사스의 주장에 설득당한 교황 특사는 아메리카의 스페인 영토에서 원주민의 노예화를 금지한다고 결정했지요. 그렇다고 백인에 의한 원주민 착취와 수탈이 사라진 것은 아니었지만, 최소한 노예 제도는 스페인 영토에서 차차 모습을 감췄습니다.

당시 한 노예 무역상은 라스 카사스의 논변을 일부 인정하면서 이렇게 되물었습니다. "원주민들이 권리가 있다면, 자기 자신을 노예로 팔 권리도 있지 않겠소? 그들이 식량과 자신의 자유를 바꾸겠다고 결정한다면 그걸 막을 이유가 있소?" 이에 라스 카사스는 인간의 자유는 그 자신과 한 몸이므로 따로 떼어 내어 다른 것(가령 식량)과 교환하거나 양도하는 것은 아예 불가능하다며 노예상을 반박했습니다.

'양도 불가능한 권리'를 이해하기 위해 예를 들어 봅시다. 신체 장기인 두 콩팥 중 하나를 남에게 줄 수 있습니다. 콩팥을 양도했다고 할 수 있지요. 그러나 '생명'은 양도할 수 없습니다. 내 생명은 내가 죽는 순간 소멸되기 때문입니다. 소멸된 것을 타인에게 줄 수는 없죠. 내가 심장을 제공해 죽어 가는 환자를 살릴 수는 있지만, 그때도 생명을 넘겨주는 건 아닙니다. 심장을 주는 순간 내 생명은 소멸되니까요. 라스 카사스는 인간에게 자유는 생명과 같다고 봤습니다. 한 인간을 노예로 삼는 순간 그의 자유는 소멸됩니다. 자유를 양도했다고 보는 것은 말장난이죠. 노예 주인은 노예의 자유를 빼앗고 없앨

뿐 자유를 양도받은 게 아닙니다.

라스 카사스는 자연법에 따른 인간의 자연권에 대해 이야기한 것이지만, 인간에게는 양도할 수 없는 권리가 있다는 생각은 현대 인권 사상으로 계승되었습니다. 인권^{human right}은 인간이라면 누구나 가지고 있다고 여기는 기본권들입니다. 자연권 사상은 "자연 또는 신이 이 권리를 우리에게 주었다."라며 권리의 초월적인 근원을 강조합니다. 인권은 자연권 사상을 계승하였지만 "이 권리는 우리가 인간이기에 가지는 것이다."라며 권리의 주체성을 강조합니다. 인권을 누리기 위해서는 그가 인간이라는 사실 이외에 다른 근거가 필요하지 않습니다. 또한 인권은 그 권리를 얻는 데 의무나 책임이나 조건을 요구하지도 않습니다.

세계 인권 선언°

제1조

모든 사람은 자유로운 존재로 태어났고, 똑같은 존엄과 권리를 가진다. 사람은 이성과 양심을 타고났으므로 서로를 형제애의 정신으로 대해야 한다.

제2조

모든 사람은 인종, 피부색, 성, 언어, 종교, 정치적 견해 또는 그 밖의 견해, 출신 민족 또는 사회적 신분, 재산의 많고 적음, 출생 또는 그 밖의 지위에 따른 그 어떤 구분도 없이, 이 선언에 나와 있는 모든 권리와 자유를 누릴 자격이 있다.

〈세계 인권 선언〉 전문, 엠네스티 한국지부.

1948년 12월 10일, 유엔^{UN}은 회원국들의 긴 토론으로 합의한 〈세계 인권 선언〉을 발표합니다. 총 30조로 된 세계 인권 선언은 발표된 날로부터 현재까지도 인권의 현 상태를 점검하고 목표를 설정하는 시금석 구실을 합니다. 〈세계 인권 선언〉은 우리가 '동등한 존엄성과 기본권을 가진 존재'로서 서로 평등하다고 단호히 말합니다.

유엔의 〈세계 인권 선언〉은 왜 이 시기에 만들어진 걸까요? 제2차 세계 대전, 유대인 홀로코스트, 난징 대학살 등 인간 존엄성을 파괴하는 사태들이 그 배경에 있습니다. 나치 독일과 군국주의 일본은 자기 민족의 이익을 위해 약소국을 침략하고 조직적으로 수많은 목숨을 학살했습니다. 문명의 진보를 낙관했던 인류는 이 시기를 통해 인간의 이성이 이토록 잔인하고 이기적일 수 있다는 걸 깨달았습니다. 전쟁이 끝나고 수천만 인명을 빼앗은 전쟁 범죄자와 학살 범죄자를 처벌해야 했습니다. 그들을 자기 나라의 실정법으로 심판할 수는 없었습니다. 전범들은 다들 자기네 정부의 합법적인 명령에 따랐을 뿐이라고 항변했던 것이죠.

그들의 범죄를 법적으로 그리고 윤리적으로 심판하기 위해서는 일국의 실정법을 넘어선 더 높은 정의에 호소해야 했습니다. 설령 자기네 나라의 법을 따랐다 하더라도, 그들은 법보다 먼저 존중해야 할 인간의 존엄한 권리를 부정하고 침해하였습니다. 그래서 심판받아야 하는 것이죠.

인간이라면 어떤 경우에도 보호받아야 할 권리가 있고, 그 권리는 국가의 합법적인 명령보다 우선한다는 생각에서, 권리의 내용

을 합의하고 제시하기 위하여 국제 사회가 머리를 맞댔습니다. 그리하여 유엔 〈세계 인권 선언〉이 만들어졌습니다.

〈세계 인권 선언〉은 인권의 내용을 크게 둘로 나눠 제시하고 있습니다. 하나는 자유의 권리로, 인간은 자기 외부의 강제력에 의해 생명, 안전, 이동, 직업 선택, 양심, 표현의 자유를 간섭당하거나 구속당하지 않아야 한다는 것입니다. 둘째는 복지의 권리인데, 인간은 더 질 높은 삶과 행복을 추구할 권리가 있고 거기에 필요한 수단과 조건을 확보할 수 있어야 한다는 겁니다. 두 가지 모두 중요하지만, 자유 없이는 다른 어떠한 요구나 행동도 할 수 없으며 복지를 제공하기 위해서는 사회가 그만큼 여건을 갖추어야 합니다. 따라서 인권을 실현하는 순서는 우선 자유를 확보하고 최대한 복지를 증대시켜 나가는 것입니다. 그리고 어떤 권리를 인권으로 여긴다는 말은 국가가 그 권리를 보장하기 위해 노력할 의무를 진다는 뜻입니다.

자연권 사상에서는 자연권을 상위의 법으로 그리고 헌법은 자연권을 현실에 구현하는 도구로 여겼습니다. 오늘날은 초월적인 의미를 띤 자연권이라는 개념보다 인권이 그 정신을 대신합니다. 각 나라는 헌법에 인권의 내용을 담고, 하위 법률로 헌법 정신을 실현하는 구조의 법체계를 가지고 있습니다. 각 나라 헌법은 인권에 바탕을 둔 평등사상을 명확히 표현하고 있죠.

어떠한 주도 적법한 절차 없이 개인의 생명, 자유 또는 재산을 박탈해서는 안 된다. 게다가 그 관할 내에 있는 어떠한 사람도

법의 평등한 보호를 거부해서는 안 된다.

_ 미국 수정 헌법 제14조

네덜란드의 모든 국민은 평등한 환경에서 평등한 대우를 받아야 한다. 종교, 신념, 정치적 의견, 인종 또는 성별 등의 어떠한 배경에 바탕을 둔 차별도 금지되어야 한다.

_ 네덜란드 헌법 제1조

프랑스는 출신·인종·종교에 따른 차별 없이 모든 시민이 법률 앞에서 평등하도록 보장한다. 프랑스는 모든 신념을 존중한다.

_ 프랑스 헌법 제1조

인간의 존엄성은 불가침이다. 이를 존중하고 보호하는 것은 모든 국가 권력의 의무이다.

_ 독일 헌법 제1조

성별·종교 또는 사회적 신분에 의하여 모든 영역에 있어서 차별받지 않는다.

_ 대한민국 헌법 제11조

현대 인권은, 권리의 정당성을 두고 치열하게 논쟁한 결과이

자 그 권리를 인정받으려는 긴 투쟁의 결과입니다. 인권은 자연권 사상의 핵심 내용을 계승하고 시대의 변화 속에 새로 인정해야 할 권리를 폭넓게 포괄하였습니다. 우리는 누구나 인권을 가진 동등한 인격체이며, 그런 인격체로 대우해야 한다는 생각을 '인격의 평등 원칙'이라고 부를 수 있습니다. 인격의 평등 원칙은 분배 정의를 논하기 위한 전제 조건입니다.

인격의 평등 원칙을 중심에 두는 정치 체제가 민주주의입니다. 어떤 정치 체제가 민주주의라면 시민을 동등한 인격으로 대우해야 합니다. 시민을 그렇게 대우하지 않는 정치 체제라면, 민주주의라고 이름 붙이더라도 실은 민주주의가 아닙니다.

3
평등한 시민들,
공정한 분배를
말하다

평등에 관한

/

가장 어려운 문제

아이퀴타스 여신이 축복하셨다!

고대 로마의 상인들은 시장에서 서로 만족스러운 거래가 이루어지면 저렇게 외쳤을 겁니다. 아이퀴타스는 장사와 거래를 관장하는 여신의 이름입니다. 이 여신의 상징은 양팔 저울이지요. 그래서 아이퀴타스 여신을 나타낸 그림이나 조각상에서 항상 양팔 저울을 들고 있습니다. 그러면서 라틴어 '아이퀴타스aequitas'가 평등, 정의, 동일함, 균형, 대칭을 가리키게 되었습니다. 이 단어는 영어의 이퀄러티equality(평등)나 에퀴티equity(평등, 공평)로, 불어의 에갈리떼égalité(평등)로 이어졌습니다.

　평등의 사전적인 의미는 "권리, 의무, 자격 등이 차별 없이 고르고 한결같음."입니다. 한자어 평등平等은 19세기에 일본에서 서양의 단어들을 한자어로 번역할 때 만들어진 단어입니다. 그런데 어떤

단어들은 서구에서 그 단어가 출현한 역사적 배경이 일본에 없었으므로, 일본에는 아예 해당하는 한자어가 존재하지 않았습니다. 자유, 평등, 공화주의, 사회주의, 민주주의 같은 단어들이 그렇지요. 일본 학자들은 골머리를 앓다가 유교 경전이나 불교의 용어를 활용해 단어를 새로 만들었습니다. 자유自由는 『법구경法句經』에 나오는 석가의 사상인 "다른 것에 의지함 없이 스스로自 유래하고由 스스로 깨닫는 것."에서 가져왔고, 평등平等은 진여평등眞如平等 즉 "진리가 만물에 차별 없이 적용되는 것."에서 가져왔습니다. 유럽과 미국에서 자유와 평등은 시민 혁명을 일으킬 때 내건 요구인데, 일본인들이 만든 한자어는 관념적이고 철학적인 의미가 강하지요.

하지만 이런 내용들은 알아 두면 좋은 것일 뿐, 우리가 사는 공간에서 평등을 고민할 때 그다지 중요한 문제는 아닙니다. 평등과 관련해 가장 어렵고도 중요한 문제는 따로 있습니다.

기회, 지위, 권리, 의무, 소득, 자원, 교육, 복지, 보상……. 시민들이 함께 살아가는 사회에서 꼭 필요한 이러한 것들을 '기본 가치'라고 부릅니다. 서로 인격적으로 평등한 사람들 사이에 이러한 기본 가치를 어떻게 나누는 것이 공정할까요? 즉 평등한 시민들 사이에 어떻게 해야 정의로운 분배를 이룰 수 있을까요? '분배 정의'야말로 우리가 일상에서 늘 대면하는 문제이고, 해법을 두고 논쟁과 갈등이 끊이지 않는 문제입니다.

먼저 강조할 것은, 분배 정의 즉 공정한 분배는 시민들이 평등한 관계를 맺고 있다고 전제할 때만 의미가 있다는 겁니다. 만약 사

람들이 평등하지 않다면, 정의는 권력자의 잣대에 따르는 임의적인 것에 불과합니다.

　예를 들어 어느 폭군이 마을에 들렀는데, 다음 날 그가 마을 사람을 몰살하라는 명령을 내렸다고 합시다. 이유는 마을 사람들이 바친 밥에서 돌이 나왔다는 것입니다. 이어 그 폭군이 다른 마을에 들렀는데, 다음 날 마을 사람들에게 황금 100kg을 상으로 내렸다고 합시다. 마을 사람들이 폭군이 제일 좋아하는 음식인 닭백숙을 아주 맛있게 끓여 올렸기 때문입니다. 폭군은 자기에게 올릴 쌀을 제대로 씻지 않은 일에는 사형으로 처벌하는 것이 마땅하고, 자기가 좋아하는 닭백숙을 정성껏 올린 일에는 (나라의 공공 예산임에 틀림없는) 황금을 하사하는 게 마땅하다고 생각할 겁니다. 폭군의 입장에서는, 왕은 '만인지상萬人之上(모든 사람의 위에 존재함.)'이니 왕이 정한 기준대로 상과 벌을 분배하는 게 곧 정의라고 하겠지요. 하지만 정의에 관한 이런 주장은 무의미합니다. 평등한 관계라면 시민들이 합의할 리가 없는 방식이기 때문입니다.

　폭군에게 정의는 단순합니다. 자기 마음에 들면 옳은 것이고 마음에 들지 않으면 틀린 겁니다. 그러나 평등한 시민들 사이에 공정한 분배 문제는 결코 단순하지 않은 문제입니다.

발판을

/

어떻게

/

나누어야 할까?

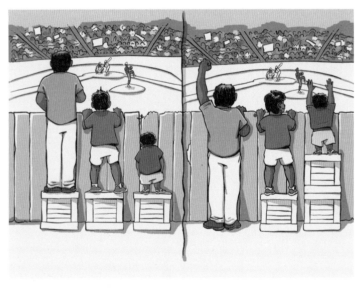

A   B

인터넷에서 많이 볼 수 있는 그림 하나로 예를 들겠습니다. 키가 다른 세 사람이 담장 너머 야구 경기를 구경하려고 합니다. 왼쪽 그림 A에서는 이들에게 발판을 하나씩 똑같이 나눠 줬습니다. 하지만 키 큰 사람은 발판 없이도 담장 너머를 볼 수 있으므로 군이 발판이 필요 없겠네요. 반면 가장 키가 작은 사람은 발판 하나만 가지고는 여전히 담장 너머를 볼 수가 없습니다. 오른쪽 그림 B에서는 가장 키가 큰 사람에겐 발판을 주지 않고 가장 작은 사람에게는 두 개의 발판을 줬더니 모두의 눈높이가 같아졌습니다. 담장 너머 경기를 모두 볼 수 있게 되어 다 같이 만족하는 것처럼 보입니다.

두 그림 중 더 바람직한 그림은 무엇인가요? 대부분 "당연히 B가 바람직하다."라고 대답합니다. 더 정의로운 분배라는 것이죠. 저도 동의합니다. 그런데 이 그림을 찾아보면 대개 A에는 '평등'이라고 쓰고 B에는 '공평'이나 '공정'이라고 이름을 붙여 놓았습니다. A에 '평등'이라고 이름 붙이는 이유는 발판을 각각 하나씩 똑같이 나눠 줬기 때문이겠죠. 이런 이름이 붙으니 사람들은 단순히 B가 낫다는 정도를 넘어, "평등보다 공정(공평)이 낫다.", "평등은 차이를 배려하지 않고 똑같이 주는 거라서 바람직하지 않다."라고 말합니다. 그러나 평등과 공정이 대립하는 것처럼 여기는 것은 명백한 오류입니다. 지식인들도 기고문에서 또는 대중 강연에서 이 그림의 발판 분배를 예시로 들면서 "평등보다는 공정을 추구해야 한다."라고 주장하고는 합니다. 각각의 개념에 대한 정확한 인식이 없어서 생기는 잘못입니다. 평등 없이 공정은 불가능합니다. '인격의 평등' 없이는 '공정한

분배'를 이룰 수 없습니다.

그림을 봅시다. 다른 사정이 없다면, 키 작은 사람도 담장 너머를 보게끔 키 작은 사람에게 더 많은 발판을 주는 그림 B가 분명 옳습니다. 정의로운 분배입니다. 그런데 그게 왜 정의로운지 설명할 수 있어야 합니다.

그림에서, 담장 너머 경기를 보는 게 금지된 행위가 아니라면 키가 작든 크든 담장 너머를 볼 자격이 있습니다. 그런데 세 사람은 그대로 두면 누구는 담장 너머를 볼 수 있고 누구는 볼 수 없는 상태, 곧 불평등한 상태에 놓여 있지요. 문제는 불평등한 상태가 정당한 것인가 하는 점입니다. 이 불평등은 키 차이 때문에 발생합니다. 키는 자기가 선택할 수 없는 요소, 즉 운인데, 그림 A처럼 단지 운이 좋아 키가 큰 사람은 경기를 즐기고 운이 나빠 키 작은 사람은 즐기지 못한다면 그 불평등에는 아무런 정당한 이유가 없습니다. 정당한 이유 없는 불평등은 바로잡아 주어야 마땅합니다. 즉 키와 상관없이 세 사람의 눈높이가 같아지도록 만들어 주면 되는 것이죠.

세 사람의 눈높이를 같게 하는 것이 목표라면, 그림 A처럼 상자를 한 개씩 똑같이 분배해 봐야 소용이 없습니다. 그림 B에서는 상자를 차등 분배했고 그 결과 세 사람의 눈높이가 같아졌습니다. 키라는 운의 작용으로 불평등하게 대우받는 사람이 없게 되었습니다. 키가 크든 작든 모두 동등한 자유를 누립니다. 게다가 키 큰 사람은 발판이 없더라도 그가 누리는 자유가 줄지 않습니다. 키 큰 사람의 자유를 강제로 줄이지 않으면서 키 작은 사람의 자유를 증진해, 결과적

으로 세 사람을 평등하게 대우하였습니다. 평등한 사람들 사이에 공정한 분배가 이뤄졌습니다.

A는 평등이고 B는 평등이 아닌 공평 내지는 공정이라는 식의 구분은 개념을 자의적으로 붙인 것에 불과한, 잘못된 해석입니다. 이 그림을 제대로 이해했다면 "B는 평등한 사람들을 공정하게 대우한 것이고, A는 공정하지 못한 분배이며 따라서 세 사람을 평등하게 대우하지 못했다."라고 해야 하는 겁니다. 인격의 평등 원칙에 비춰 볼 때 옳은 그림은 B입니다.

인격의 평등 원칙은 반드시 기본 가치를 똑같은 양만큼 분배하라고 요구하지 않습니다. 반대로 항상 비례적으로(예를 들면 키 높이에 따라) 혹은 차등적으로 분배하라고 요구하지도 않지요. 차이를 고려하지 말고 똑같이 주는 게 더 타당해 보이는 경우도 얼마든지 있습니다. 대표적인 것이 투표권 같은 것이지요. 소득이 많든 적든, 학력이 높든 낮든 선거에서 투표용지는 똑같이 한 장씩 배분됩니다. 개인마다 정치적 관심이나 이해관계가 다르지만 그렇다고 투표권을 차등 분배할 수는 없다고 여겨지죠.

다만, 저 발판 분배 그림은 평등한 사람들 사이에 어떻게 해야 정의롭고 공정한 분배를 이룰지 고민해 볼 것을 요구하는 것이지 어떤 상황에서도 한 가지 답만이 옳다고 말하는 건 아닙니다. 저 그림에서 세 사람이 만약 담장 너머 남의 집 침실을 엿보려고 하는 중이라 해 보죠. 그 경우엔 행위 자체가 옳은 일이 아니므로 발판을 어떻게 나누든 정의하고는 거리가 멉니다. 또 저 그림의 상황이 만약, 어

제까지는 사람들이 자유롭게 드나들던 공터에 누군가 임의로 담장을 쳐 놓고 돈 낸 사람만 들어와 경기를 보게 하는 거라면 어떨까요. 담장 너머를 볼 자유가 문제가 아니라 담장 자체가 문제가 됩니다. 그때는 아예 담장을 무너뜨리는 것이 모든 사람의 평등한 자유를 위해 낫습니다.

분배 정의에 관한
/
다양한 주장들

앞선 그림에서는 B가 분배 정의가 이뤄진 것이지만 공정한 분배를 요구하는 상황은 제각각 너무나 다릅니다. 그래서 사상가들은 "무엇이 분배 정의인가?"에 대해 다양한 주장을 펼쳐 왔습니다. 대표적인 두 가지, 아리스토텔레스와 공리주의자들의 주장만 짧게 보도록 하죠.

고대 그리스 철학자 아리스토텔레스는 '플루트는 플루트 연주자에게' 주는 것이 정의라고 했습니다. 플루트의 제작 목적은 최고의 플루트 연주에 쓰이는 것이고, 그 목적을 가장 잘 실현할 수 있는 사람은 플루트 연주자이므로 그에게 플루트가 돌아가야 한다는 거죠. 그럴듯하죠?

그런데 이 논리를 다른 데 적용하면 좀 이상해집니다. 가령 선생님이 "우리 반에서 가장 깨끗한 책상은 성적 1등인 민주가 써야 마땅하다."라면서 성적순으로 깨끗한 새 책상이 돌아가야 한다고 하면

어떤가요? 책상의 목적은 공부에 있다고 하면서 새 책상은 공부 잘 하는 이에게 주고, 헌 책상은 공부를 잘하지 못하는 이에게 준다고 하면요? 많은 학생들이 기분이 나쁠 겁니다. 또 예를 들어 정치는 정치의 목적을 가장 잘 구현하는 사람이 해야 한다면서, 국회의원직은 선거를 통해 뽑을 게 아니라 대대로 정치인을 배출한 집안에서 추첨으로 나눠 가져야 한다는 주장이 있다고 합시다. 국민이 받아들일 수 있나요?

아리스토텔레스의 분배 정의는 세상에 존재하는 것에는 '고유한 목적'이 있음을 전제하고 있습니다. 그래서 그 목적에 부합하는 방식으로 가치가 분배되어야 한다는 거죠. 하지만 사물에 이런 고유한 목적이 존재하는지는 과학으로 확인할 수 없는 형이상학의 영역입니다. 현대 사회에서는 고유한 목적 같은 형이상학적 이유로 재화를 분배하지 않습니다. 오늘날 우리는 '인간은 그 자체로 수단이 아닌 목적'이라는 데 동의합니다. 아리스토텔레스는 실은 사람을 '그가 타고난 목적을 실현하기 위한 수단'으로 여기는 거예요. 이러한 아리스토텔레스의 분배 정의에는 동의하기 힘듭니다.

공리주의功利主義는 '최대 다수에게 최대 행복을' 주는 방향으로 가치를 분배하자는 철학입니다. 고통과 행복의 총량을 계산하여, 전체적으로 행복이 늘어나는 분배가 정의로운 분배라는 겁니다. 공리주의를 단순화시켜 이렇게 설명해 보죠.

중국집에 갑, 을, 병, 정, 무 다섯 명이 가서 병, 정, 무 세 명은 짜장면을 원하고 갑, 을 두 명은 짬뽕을 시키려 했습니다. 그런데 하

나로 통일하면 더 빨리 나온다는 주인의 말에 짬뽕을 먹으려던 갑과 을이 포기하고 같이 짜장면을 시킨다고 합시다. 갑과 을은 짬뽕도 좋아하지만 짜장면도 싫어하지 않고, 따로 시켜서 기다리기보다 뭐든 빨리 먹는 게 더 낫다고 여깁니다. 그러면 짬뽕을 포기한 두 사람의 '아쉬움'과 다 같이 짜장면을 주문할 때 다섯 명 모두 얻는 '행복'의 총량을 비교해서 후자가 더 크다고 할 수 있을 겁니다. 공리주의에서는 이 경우 후자를 선택하는 것이 정의롭다는 겁니다.

아리스토텔레스의 주장도 그렇지만 공리주의자들의 주장도 직관적으로 꽤 설득력이 있습니다. 우리는 일상생활의 문제들을 위의 중국집에서처럼 해결하는 경우가 많기 때문이죠. 하지만 공리주의는 개인을 전체 이익의 극대화를 위한 수단으로 보는 문제가 있습니다. 이는 인간을, 고유하면서도 타인과 동등한 존재로 여기는 인격의 평등 원칙과 부딪칩니다. 만약 저 중국집에서 짬뽕을 시키고 싶은 갑이 "시간이 좀 걸려도 짬뽕을 먹으면 안 될까?"라고 하는데 병과 정과 무가 "너는 왜 전체의 이익을 거스르려고 하느냐?" 하며 그 의견을 묵살한다고 해 봐요. 공리주의적 분배 정의에서는 일어날 수 있는 일입니다.

장애인에게 생계 보조금을 지원하면 장애가 없는 다수의 시민들이 더 많이 세금을 내야 하므로 지원하지 말자는 주장이 있다고 해 봅시다. 회사 내에 상사가 부하 직원에게 성폭력을 저질렀는데 사건이 공개되면 회사 이미지를 망쳐 구성원 전체가 손해를 보니 성폭력 피해자보고 그냥 눈 감으라고 강요한다고 해 봅시다. '다수의 이

익'이라는 명분으로 누군가의 자유와 권리를 박탈하는 건 정의가 아닙니다. 공리주의적 분배 정의를 받아들이기 힘든 이유입니다.

분배 정의는 인격적 평등의 원칙과 함께 가야 합니다. 시민을 존엄하고 평등한 존재로 대우하는 분배 방식이 공정한 분배 방식입니다. 우리는 모든 분배 상황에서 그러한 분배 방식을 찾아야 합니다. 그런데 문제는 이것이 참 어렵다는 것입니다. 무엇을 나누느냐, 어떤 맥락에서 나누느냐에 따라 해법이 달라지기 때문입니다.

과거 신분제 사회에는 국가 공직은 '남성 귀족과 그 남자의 자식'에게만 돌아갔습니다.(때로 출신 지역도 중요했습니다. 양반이라도 특정 지역 출신은 공직 진출에 불이익을 당하기도 했으니까요.) 현대 사회는 국가 공직을 능력이 있는 모든 시민에게 개방하여, 공직을 얻기 위한 경쟁에 누구나 참여할 수 있습니다. 그런데 공직이 아닌 사기업의 경우, 가령 치킨 가게 사장님이 자기 아들이나 딸에게 가게를 물려주는 건 잘못인가요? 치킨 가게를 누가 물려받을지를 놓고 모든 시민에게 개방된 공개 시험을 치러야 할까요? 세 사람이 담장 너머를 보는 그림에서 키 작은 사람에게 발판을 더 준 것처럼, 올림픽 높이뛰기 경기에서도 키 작은 선수에게만 별도로 발판을 제공해야 할까요? 어떤 놀이공원에서는 추가로 돈을 내고 별도의 표를 끊으면 놀이 기구를 탈 때 줄을 서지 않아도 되도록 하고 있는데 '돈 더 내면 먼저 탈 권리를 주는' 분배는 공정한가요? 연애가 사랑이라는 가치를 분배하는 것이라면, 나는 모든 인간을 평등하게 대우해야 하므로 내게 사랑을 고백하는 모든 사람과 연인이 되어야 할까요?

이 책에서는 이 모든 주제에 대해 정답을 제시하거나 자세히 살펴보지 않습니다. 여러분이 스스로 생각해 보고 친구들과 토론해 보았으면 합니다. 그동안 이런 문제에 직관적으로 '그거 당연한 거 아냐?'라며 쉽게 답을 내렸다면, 차분하게 숙고해 보면 좋겠네요. 무엇이 평등한 시민들 사이에 공정한 분배인지, 어떻게 가치를 분배해야 사람들을 진정 평등한 인격으로 대우하는 것인지 말이죠. 그러한 고민과 토론이 평등을 실현해 나가는 첫걸음입니다.

무지의 베일과

/

순수 절차적 정의

케이크를 공정하게 나눠 먹으려면 어떻게 하면 되나요?

사람 수대로, 똑같은 크기의 조각으로 케이크를 잘라야 하겠지요. 그런데 각자 자기 케이크 조각을 잘라 가져가라고 하면 먼저 자른 사람이 큰 조각을 차지하고 뒤로 갈수록 크기가 줄어들 가능성이 높죠. 이렇게 하자고 하면 다들 먼저 자르는 순번을 차지하기 위해 다툴 겁니다. 다들 알다시피, 해결 방법은 누군가에게 케이크 자르는 일을 맡기고 그가 제일 마지막 조각을 가져가도록 하는 것입니다. 그러면 그 사람의 몫도 최대로 보장되고, 다른 사람들도 공평하게 똑같은 몫을 갖게 됩니다.

이처럼 정의로운 결과가 무엇인지에 관해 누구나 인정할 만한 독립적인 기준(모두가 똑같은 크기의 케이크를 가져야 한다.)이 존재하고, 그 결과를 보장하는 절차(마지막 조각을 가질 사람이 케이크를 자르게 한다.)도 존재하는 것을 '완전한 절차적 정의'라고 합니다. 반면에 '불

완전한 절차적 정의'는 정의로운 결과에 대한 독립적인 기준은 있지만, 그러한 결과가 나오리라고 확실히 보장하는 절차가 없는 경우입니다. 형사 재판이 대표적입니다. 형사 재판에서는 죄 있는 사람에게만 유죄 판결을 내려야 한다는 기준이 분명히 존재합니다. 독립적인 기준이 있는 것이죠. 그러나 종종 죄 없는 사람이 유죄 선고를 받거나 죄 지은 사람이 무죄로 풀려나기도 합니다. 정의로운 결과가 항상 보장되지는 못하지요.

이처럼 완전한 절차적 정의는 기준도 있고 절차도 갖춘 것을 말하고, 불완전한 절차적 정의는 기준은 있으되 절차가 완전하지 못한 것을 말합니다. 이 두 경우와 별개로 '순수 절차적 정의'가 있습니다. 순수 절차적 정의란, 올바른 결과에 대한 단 하나의 독립적인 기준은 없지만 그 대신 공정하고 효과적인 절차가 있어서 그 절차를 제대로 따르면 바르고 공정한 결과를 끌어내는 경우입니다. 이 세 가지 정의는 미국의 정치철학자 존 롤스가 『정의론』에서 분배 정의를 세 가지로 구분해 제시한 것입니다. 롤스는 평등한 시민들 사이의 정의 문제를 평생토록 탐구하였고, 『정의론』은 정치 공동체의 정의 원칙을 제시한 탁월한 저작이지요.

케이크 나누기처럼 단순한 경우를 제외한 대부분의 분배 문제에는 독립적인 단 하나의 분배 기준을 찾기 힘듭니다. 예를 들어 학생 장학금은 성적순으로 줘야 하는지, 아니면 가정 형편이 어려운 사람에게 줘야 하는지에 하나의 정답이 있는 건 아니잖아요? 회사에서 급여를 지급하는 방식에 대해서도 여러 분배 기준들이 서로 다툴

수 있습니다. 연공서열(근무 기간에 따른 순서)대로 많이 주어야 한다, 실적이 높은 순서대로 주어야 한다, 딸린 식구가 많은 사람에게 더 많이 주어야 한다 등등. 사람들은 제각기 "이것이 공정한 기준이야." 라고 주장하곤 하지만, 대개 자기도 모르게 마음이 스르르 그쪽으로 기울었을 뿐 별다른 근거가 없을 때가 많습니다. 다른 사람들도 자기 마음에 든 기준이 모두에게 공정한 기준이라고 생각해서 양보하지 않지요. 게다가, 어느 하나의 기준을 정하더라도 사람들의 여건과 주변 상황이 계속 변하기 때문에 그 기준이 영구적이라고 할 수도 없습니다.

기업의 급여 지급을 예로 들어 봅시다. 과거에는 가족 중 주로 아버지만 직장에 나가 돈을 벌어 식구들을 부양했기 때문에 가족 전체의 생활비를 고려해 그의 급여가 정해졌습니다. 이를 '가족 임금'이라고 합니다. 그래서 같은 일을 해도 기혼자와 미혼자의 급여는 차이가 있었는데, 미혼자는 자기도 결혼해서 같은 대우를 받을 거라고 여겨 별 불만이 없었습니다. 그러나 지금은 결혼을 전적으로 자기 선택이라고 여기기도 하고, 복지를 국가가 어느 정도 제공해 주면서 가족 임금 개념이 많이 사라졌습니다. 예전에는 통용되던 분배 기준이 지금은 달라진 것이죠.

이처럼 독립적인 절대적 분배 기준을 확정할 수 없기 때문에, 롤스는 하나의 사고 실험을 해 보자고 합니다. 근본적으로 평등한 입장에 모두 함께 섰다고 가정해 보자는 것이죠. 롤스는 이를 '원초적 입장'이라고 부릅니다. 이 원초적 입장에서는 모든 사람이 '무지의

베일'을 쓰고 있다고 가정합니다.

무지의 베일을 쓰면, 그 누구도 자신의 사회적 지위나 계층상의 위치를 모르고, 자기가 어떠한 천부적 소질이나 능력을 타고났는지도 모르며, 어떤 가정 환경 혹은 지역이나 국가에 살고 있는지도 모릅니다. 자신의 성, 외모, 건강 상태, 피부색, 장애 여부에 대해서도 당연히 모르지요. 자신이 인생의 어떤 시점을 통과하고 있는지(청년인지 노인인지) 누구와 무엇을 놓고 경쟁하고 있는지도 모른다고 해 봅시다. 심지어 자신의 가치관이나 특수한 심리적 성향, 예를 들어 근면하다든가 게으르다든가 하는 것도 모른다고 가정합니다. 무지의 베일은 이 모든 정보가 차단된 캄캄한 어둠입니다. 어디서 어느 시대에 태어날지 모르는 태아의 상태라고 하면 이해가 잘될까요?

이 속에서 분배 원칙에 대해 토론한다면, 그 누구든 자기에게 더 유리한 분배 방식을 주장하는 것이 원천적으로 불가능하겠지요? 무엇이 자기에게 유리한 건지 전혀 알지 못하니까요. 이런 상태에서 충분한 토론을 거치고 할 수 있는 모든 것을 고려하여 어떤 분배 원칙을 택하기로 모두가 합의한다고 해 봅시다. 그렇게 정한 분배의 원칙은 특정한 개인이나 집단에게 유리하거나 불리하지 않은 공정한 원칙이라 할 수 있을 겁니다.

롤스는 순수 절차적 정의를 지지합니다. 그는 정의에 대한 선험적인 원칙이 존재한다고 여길 수 없다고 합니다. 예컨대 '하늘의 법'이나 '이성의 명령' 같은 것을 누구나 따라야 할 정의라고 주장할 수는 없다는 거죠. 현대 사회와 같은 다원적 사회에서 정의의 단일하

고 독립된 기준은 찾아낼 수도 없고 설령 찾아내더라도 무의미하다고 합니다. '케이크 나누기'에서는 바람직하게 여겨지는 기준을 다른 분배 상황, 즉 회사에서 급여 지급이나 학교에서 장학금 지급에 그대로 적용할 수는 없으니까요. 그래서 롤스는 그런 하나의 기준을 찾으려 할 것이 아니라 순서를 바꿔서, 공정한 절차를 거쳐 도출한 것이라면 정의로운 분배 원칙으로 삼자고 합니다.°

EBS, 「롤스의 정의론-원초적 입장, 무지의 베일」, 2017. 9. 14.

4
공정한 사회를
어떻게 만들까?

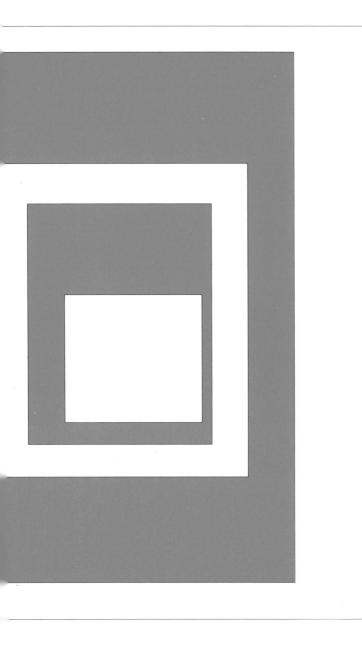

정의는

/

평범한 사람들이 정하는

/

규칙

여러분 앞에 세 개의 상자가 있고, 그중 하나를 열어야 합니다. 그 안에서 나온 것은 가져도 되는데, 다만 상자 하나를 열면 규칙상 나머지 상자는 열 수 없다고 합시다.

상자 A, B, C에 대해 주어진 정보는 이렇습니다. 상자 A는 열었을 때 절반의 확률로 1억 원어치 황금이 나오고 절반의 확률로 폭탄이 터집니다. 폭탄이 터지면 죽거나 크게 다칠 가능성이 아주 높습니다.(상자를 열면서 재빨리 피하는 건 불가능합니다.) 열면 일확천금을 하거나 불구가 되거나 둘 중 하나지요. 상자 B를 열면 역시 절반의 확률로 1,000만원의 현금이 들어 있거나, 절반의 확률로 50만원만 들었습니다. 위험이 사라졌고 대신 보상은 줄어들었습니다. 상자 C는 확률과는 상관없이 확실하게 현금 100만원이 들었습니다. 이 세 개의 상자 중에 택해야 하는 상황을 가정했을 때, 여러분은 무얼 택하겠어요?

상자 A는 1억 원의 상금이 무척 탐나지만, 실패하면 치러야 할 희생이 너무 크지요. 상자 C는 가장 안전한 선택이기는 한데, 상자 B와 비교하면 더 큰 보상을 놓친다는 생각에 아쉽고요. 상자 B는 성공하면 꽤 만족스러운 보상을 얻고, 실패하더라도 그만하면 위안을 받을 수 있습니다. "죽기 아니면 살기."라며 A를 택하는 사람이 있을 수도 있고, "가늘고 길게 살자."라며 C를 택하는 사람도 있을 것입니다. 그러나 사람들은 일반적으로 우선 위험을 회피하고 그다음 자기 이익을 늘리는 쪽을 선택할 거라고 생각해도 무방합니다. 많은 사람들이 이런 상황에서는 아마 상자 B를 택하겠지요.

정의는 바로 이런 '평범한' 사람들이 함께 협력하며 살아가기 위한 것입니다. 자기 보호나 이익 추구에 아무런 관심이 없는 성인군자들로 세상이 이뤄져 있다면 분배 문제 같은 것이 생길 이유도 없지요. 평범한 사람들이란, 각자의 이익에 관심이 많으며, 그러나 자기 이익을 추구하기 위해 다른 사람을 속이거나 그들의 이익을 힘으로 빼앗기보다는 함께 이익을 늘려 나가기를 원하는 사람들입니다. 그들이 바로 정의의 주체들입니다. 우리 역시 그런 사람들이고요.

존 롤스는 사회라는 것이 각자 가치관이 다르고 자기 이해관계에 따르려는 사람들로 구성된 '다원적 사회'라고 봤습니다. 다원적 사회에서 구현하는 정의는 순수 절차적 정의입니다. 다원적 사회에서는 사람들이 가진 다양한 가치 기준들 중에 어느 하나를 절대적인 기준으로 삼을 수 없습니다. 그러므로 평등하고 합리적인 시민들이 공정한 절차를 거쳐 합의한 내용, 그러한 분배 방식이 바로 정의 원

칙입니다. 이를 '공정으로서의 정의'라고 부릅니다.

롤스는 무지의 베일이라는 사고 실험을 거쳐, 누구도 자기의 특수한 이익을 우선시하지 않으면서 합리적으로 자기 이익과 모두의 이익을 조화시키는 정의 원칙을 끌어내려고 했습니다. 이 사고 실험에 참여하는 당사자들은 합리적 개인들이므로, 자신이 가장 불리한 처지에 처했을 경우에도 안전 장치를 제공할 수 있는 원리에 합의하게 될 것입니다. 상자의 선택으로 비유하면, 폭탄이 들어 있을 수도 있는 상자는 아예 선택지에서 배제시키기로 합의할 겁니다.

다시 말하지만 무지의 베일은 상상의 실험입니다. 사람들이 실제로 무지의 베일을 쓰고 토론한 적은 없죠. 이미 자기에 대한 정보를 가지고 있는 사람들이 완벽하게 무지의 베일을 쓸 수도 없겠고요. 그러나 무지의 베일이라는 개념은 앞서 말한 공자의 '서', 그러니까 '헤아려 이해하기'로 생각하면 그리 낯선 것이 아닙니다. '내 입장에서만 생각하지 말고, 저 사람의 입장이라면 뭐라고 할지 생각해 보자.' 하는 태도를 가져 보자는 거죠. 그런 노력을 통해 지금의 내 이해관계에서 잠시 벗어날 수 있다면, 우리는 원초적 입장으로 돌아가 모였다고 할 수 있을 겁니다. 원초적 입장에 섰다고 가정하고 내가 어떤 원칙에 합의했다면, 다시 나의 이해관계로 돌아왔다고 해서 그 합의를 부정해서는 안 되겠지요. 모두가 그런 식이라면 공정한 게임이란 아예 불가능할 테니까요.

돌쇠는

/

어떤 정의 원칙에

/

합의할까?

사람들이 사회에서 살아가려면 꼭 필요한 것들이 있다고 했지요? '사회의 기본 가치'라고 불리는 것입니다. 권리, 자유, 기회, 안전, 소득, 재산, 교육, 자존감 등이 여기에 포함됩니다. 롤스는 사회의 기본 가치들을 "합리적인 사람들이라면 누구나 갖고자 하는 것들, 무엇이 되었든 그 사람이 합리적 인생 계획을 세웠다면 필요한 것들."이라고 합니다. 사회적 기본 가치들의 공정한 분배 원칙, 즉 정의의 원칙을 정하는 과정을 살펴보겠습니다.

원초적 입장에서 사회의 분배 원칙을 정한다면, 무지의 베일이 걷혀 세상에 내가 던져졌을 때 이러한 기본 가치들을 남보다 적게 가지고 싶지 않겠지요? 그렇다고 저마다 남보다 많이 가지겠다고 해서는 합의가 이뤄지지 않겠지요. 누구도 특혜를 요구할 자격이 없고, 또한 불이익도 바라지 않습니다. 그러므로 그들은 이 기본 가치들을 우선 모두 평등하게 분배하자고 합의할 것입니다.

그런데 그들은 합리적이므로 이런 생각도 하게 될 겁니다. '기본 가치들이 차등적으로 분배되더라도 결과적으로 모두의 처지가 좋아지는 경우는 없을까?'

예를 들어, 마을에서 아주 힘이 센 '돌쇠'라는 장사가 사는데, 그는 남들 먹는 것의 세 배는 먹어야 기운을 쓸 수 있다고 해 보죠. 돌쇠가 나서기만 하면 그 마을은 아무리 큰 논도 금방 갈고 아무리 깊은 우물도 쉽게 팔 수 있습니다. 마을 주민들은 자기네 식량에서 조금씩 덜어 그걸로 돌쇠에게 남들의 세 배로 밥을 지어 주기로 하고 돌쇠에게 일을 도와 달라고 부탁합니다. 배부른 돌쇠가 신이 나 일을 하니 마을은 전보다 훨씬 많은 곡식을 추수할 수 있었고 우물도 가까이에 생겨 생활이 아주 편리해졌습니다. 주민들이 돌쇠에게 식량을 덜어 주면서 돌쇠와 마을 사람들 사이의 식량 분배에 차등이 발생했지만, 돌쇠가 일하지 않은 것에 비하면 주민들의 생활이 더 넉넉해졌습니다. 이처럼 모두의 이득이 늘어나는 경우라면 불평등을 받아들일 수 있는 것이죠. 그래서 원초적 입장에서 사람들은 일차적으로 다음과 같은 '정의의 일반적 원칙'에 다다르게 됩니다.

> 자유, 기회, 소득, 재산 등 기본 가치들은 평등하게 분배되어야 하며, 다만 모든 사람에게 이득이 되는 한에서만 기본 가치들의 전부 또는 일부를 불평등하게 분배할 수 있다.
>
> _존 롤스, 『정의론』 중에서

그러나 이 일반적 원칙만으로는 부족합니다. 모든 사람에게 이득이 된다는 이유로 그 어떤 불평등이라도 허용해야 하느냐는 문제가 있기 때문입니다. 예를 들어 마을 사람들은 마을 전체에 이익이 된다는 명분을 내세워 돌쇠를 노예로 삼으려 할지도 모릅니다. 노예가 된 돌쇠는 마을 사람들이 시키는 일을 거부할 자유가 없습니다. 돌쇠는 쉬지도 놀지도 못하고 시키는 대로 일해야 하고 그 덕에 마을 주민들의 삶은 전과 비교할 수 없을 정도로 풍족해졌지만 돌쇠에게 돌아오는 건 그저 전보다 조금 많은 밥에 불과합니다.

이런 결과가 나올 수 있는 건, 기본 가치의 분배 과정에서 '우선순위'를 정해 놓지 않았기 때문입니다. 돌쇠가 합리적인 개인이고 선택권이 있다면, 아무리 전보다 밥을 넉넉하게 먹게 되더라도 그걸 이유로 자유를 빼앗기는 상태를 받아들이지는 않을 겁니다. 원초적 입장에 선 각자는 자신이 돌쇠와 같은 처지가 될 수도 있다고 여겨, 정의 원칙에 우선순위를 두려고 할 것입니다. 그래서 나오게 되는 정의의 특수한 원칙 또는 최종적인 정의 원칙은 이렇습니다.(롤스가 『정의론』에서 제시한 두 원칙을 제가 조금 풀어 쓴 것입니다.)

1원칙. 각자는 기본적 자유를 평등히 누려야 한다.
2원칙. 사회적·경제적 불평등은 공정한 기회균등의 조건 아래 '최소 수혜자'에게 최대의 이득이 될 때 허용된다.

1원칙은 '평등한 기본적 자유'를 강조합니다. 전체의 이익을

위해서라는 명분으로 어떤 개인이나 집단에게서 자유를 빼앗는 일은 허용될 수 없습니다. 강제로 빼앗지 않고 서로 합의한다고 해도 안 됩니다. '기본 자유'는 그렇게 거래할 수 있는 대상이 아닙니다. 이 기본 자유에는 사상과 양심의 자유, 표현의 자유, 결사의 자유, 재산 소유권, 참정권, 공정한 재판을 받을 권리 등이 포함됩니다. 이러한 권리들은 심지어 재난 상황이나 전시에도 그 핵심 내용은 부정해서는 안 된다고 헌법에 못 박아 두었습니다.

여기에 더해, 기본 자유는 그 사회의 발전과 시민들의 합의에 따라 늘어날 수 있습니다. 예를 들어 우리나라는 국가가 그 비용을 부담하는 의무 교육이 중학교까지였다가, 2019년 2학기부터 고등학교까지 확대되었습니다.(고3부터 차례로 3년에 걸쳐.) 국가가 재원을 마련할 능력을 갖추면서 국민들의 교육 받을 권리도 더 평등하게 확대된 것이죠. 또한 2019년부터 국가는 만 7세 이하 아동에게 '아동 수당'을 지급하기 시작했는데(현실적으로는 부모를 '통해' 지급하지요.), 이는 아동의 건강과 행복을 각 가정의 경제적 능력에 달린 문제로 보지 않고 평등하게 보장되어야 할 아동의 권리로 본다는 뜻입니다.

2원칙은 '차등의 원칙'이라고도 합니다. 평등한 개인 사이에 불평등한 분배를 허용한다면, 어떤 경우에 허용할지 정하는 것입니다. 우선, '공정한 기회균등'이 보장되어야 합니다. 사회적 기본 가치의 분배는 사회에서 어떤 지위나 직업을 가지느냐와 관련이 있으므로, 그 지위나 직업은 원하는 모든 사람에게 개방되어야 하고 경쟁에 참여할 기회도 실질적으로 동등하게 주어져야 한다는 것입니다.

그런데 사람마다 태어난 가정 배경이나 신체적 여건이나 타고난 능력이 다 다릅니다. 우연히 더 유리한 조건을 얻은 사람은 기본 가치의 분배에서도 유리한 위치에 서지만, 반대로 경쟁에서 불리한 처지에 놓인 사람도 있습니다. 이들 중 가장 불리한 사람이 '최소 수혜자'입니다. 원초적 입장에서 무지의 베일을 쓴 각자는 자신이 최소 수혜자의 처지에 놓일 수 있다는 것을 고려할 것입니다. 이때, 재능 있는 사람이 재능을 발휘한 결과 사회가 전보다 발전해서 최소 수혜자의 처지도 전보다 개선되리라 기대한다면, 재능 있는 사람들에게 노력할 동기를 주기 위해 좀 더 많은 기본 가치를 그들에게 분배할 수 있습니다. 돌쇠에게 밥을 더 많이 준 것처럼 말이지요. 최소 수혜자를 포함해 그 사회의 상대적 약자들에게 이익이 되는 경우에는 불평등을 허용할 수 있습니다.

두 원칙을 종합해 볼까요? 먼저 모두에게 최대한의 자유를 평등하게 제공하고, 그 사회에서 모두의 처지를 향상시킬 수 있는 불평등이 있다면 받아들인다는 겁니다. 이것이 평등한 시민들이 받아들이는 정의로운 분배 원칙입니다.

2018년에 서울의 한 중학교 학생회에서 이런 입장문을 발표했습니다.

상상해 봤으면 합니다. 당신이 태아이고 어머니의 국적을 모른다면 어떻게 하시겠습니까? 어머니는 한국인일 수도 있고

미국인일 수도 있지만 시리아인이거나 예멘인, 이란 사람일 수도 있습니다. 그래도 당신은 난민에 대해 반대하며 추방하자고 말할까요?

다행히 운 좋게도 우리는 대한민국에서 태어났습니다. 내전도 없고, 정치적·종교적 자유도 억압되지 않는 나라인 대한민국에 말입니다. 그러니 우리는 '난민은 내 문제가 아니라 너희 문제이니 우리 집을 더럽히지 말라'면서 문을 닫아야 하는 걸까요?

아주중학교 학생회, 〈이름은 잊혀지고 사건은 기억되어야 합니다 - 이란 친구의 난민 인정을 환영하며〉 중에서, 2018.

학생들은 같은 학교의 이란인 친구 K의 난민 신청이 인정받기를 바라며 여론에 호소했습니다. K는 아버지와 같이 한국에 왔다가 이슬람교에서 천주교로 개종했습니다. 이란에서 개종은 큰 죄여서 이란에 돌아가면 형벌을 받게 될 수도 있습니다. 그래서 K는 아버지와 같이 한국에 난민 인정 신청을 했던 것입니다. 학교 친구들과 교사들이 K를 도와 우호적 여론을 조성하고 교육계와 종교계에서도 돕는 사람들이 생겨 다행히 그는 난민 인정을 받았습니다. 그러나 그의 아버지는 인정을 받지 못해 재신청을 했습니다.

K의 난민 심사 통과 후에 학생들은 위의 입장문을 발표했습니다. 이 학생들이 롤스와 『정의론』을 공부했는지는 알 수 없고 별로 중요한 것도 아닙니다. 하지만 어머니 배 속이라는 '원초적 입장'에

선다면 난민을 함부로 배척할 수 없을 거라는 이야기는 롤스의 주장과 닮았으며 무척 설득력이 있습니다. 위험을 피해 안전한 곳에 머물고자 하는 권리는 모든 사람이 누려야 하는 평등한 자유이니까요.

뉘 집 자식으로

/

태어나느냐가

/

인생을 결정한다면

부유한 가정에 태어난 '명희'와 가난한 집에서 태어난 '민수'가 있다고 해 봐요. 명희는 부모님의 뒷바라지를 받고 공부에 집중했고, 민수는 아르바이트해서 동생들을 돌보며 시간을 쪼개 공부했습니다. 두 사람이 가기를 원하는 어떤 대학은 오로지 수능 성적만으로 신입생을 뽑습니다. 명희도 민수도 합격을 위해 각자의 최선을 다했지요. 명희는 우수한 성적으로 합격하였고, 민수는 간발의 차이로 커트라인을 못 넘었습니다. 재수할 형편이 되지 못하는 민수는 자기 실력보다 커트라인이 한참 낮은 대학에 들어갔고, 대학에 가서도 공부와 아르바이트를 병행해야 했습니다. 명희는 부모님의 지원하에 스펙을 잘 쌓으면서 꿈을 향해 매진해 원하던 전문직이 되었습니다. 가족을 돌봐야 하는 민수는 대학 졸업 후 취업 준비를 오래 할 수 없어, 비정규직으로라도 뽑아 주는 회사에 들어가야 했습니다.

흔한 스토리일 것입니다. 지금도 어디선가 벌어지는 일이고요.

'능력이 있으면 누구나 출세하는 사회'

'공정한 기회균등이 이뤄진 사회'

두 문장은 비슷한 뜻 같습니다. 그러나 두 사회는 크게 다릅니다. 명희와 민수의 이야기는 어느 사회에 해당할까요?

롤스의 이야기를 따라가 봅시다. 일단 두 사회 모두 전제하는 건, 사회적 지위와 직책이 모두에게 개방되어 있고 사회의 자원이 효율적으로 분배되는 것입니다. 즉 누가 쓰든 쓸 수 있는 자원이 사용되지 않고 버려지는 일이 없다는 것이죠. 이러한 전제에서, 서로 평등한 시민들이 자원 분배에서 서로 다른 분배 방식을 택하는 두 사회가 출현할 수 있습니다. 하나는 '능력 있으면 출세하는 사회'이고, 다른 하나는 '공정한 기회균등이 보장된 사회'입니다. 각각의 사회는 다시 자연적 자유 체제와 자연적 귀족주의로, 자유주의적 평등 체제와 민주주의적 평등 체제로 구분합니다만, 크게 두 개의 사회라고 하겠습니다.

	지위가 모두에게 개방됨	지위의 개방 + 차등의 원칙
능력 있으면 출세하는 사회	자연적 자유 체제	자연적 귀족주의
공정한 기회균등이 보장된 사회	자유주의적 평등	민주주의적 평등

'능력 있으면 출세하는 사회'는 어떤 사회일까요? 오늘날은 공직의 기회가 시민에게 개방되어 있습니다. 그러나 신분제하에서는 귀족들에게만 공직에 오를 기회가 주어졌습니다. 공직을 맡으려면 학문이 높아야 하는데, 하층 신분은 아예 글을 배우고 학문을 익히는 것조차 못하게 막았지요. 지금은 기본 자격을 갖춘 시민이라면 누구나 사회적 지위를 얻기 위한 경쟁에 참가할 수 있습니다.(기본 자격이란 것도 나이나 학력 따위로, 어떤 집단을 근본적으로 배제하지 않습니다). 이 경쟁 과정에 부정과 반칙이 끼어들지 않는다면 참가자들은 각자 능력에 따라 지위를 분배받게 될 것입니다. 과거에 비해 지금 사회는 능력만 있으면 누구나 출세하는 사회라고 할 수 있겠지요.

  그러나 이 사회는 사회적 운과 개인적 운이 미치는 영향을 고려하지 않고 있습니다. 사회적 운이란 자기가 선택하지 않은 외부 환경에 들어가게 되는 것을 말합니다. 어떤 가정, 지역, 국가에 태어나느냐 하는 거죠. 재벌 3세로 태어나느냐 가난한 농부의 자식으로 태어나느냐, 부유한 선진국에서 태어나느냐 내전 중인 중동 국가에서 태어나느냐 등등. 이는 각자가 선택할 수 없는 우연, 즉 운입니다. 개인적 운이란 타고난 재능, 지능, 기질, 외모, 성격, 건강 등을 말합니다. 누구는 수학적인 재능을, 누구는 예술적인 감각을 가지고 날 수 있고 그런 재능이나 감각이 부족한 사람도 있겠지요. 이러한 개인의 내적 특질 역시 각자의 선택과는 무관합니다. '능력 있으면 출세하는 사회'는 출생 신분에 따라 사람을 차별하지 않는다는 점에서 평등하지만, 사회적 운이나 개인적 운으로 생기는 차이는 어쩔 수 없다고

여기는 사회입니다. 롤스는 이런 사회의 구성 원리를 '자연적 자유 체제'라고 부릅니다.

이 체제에서도 기회는 균등합니다만, 형식적으로만 균등합니다. 부유한 집에서 태어나 공부에만 집중할 수 있는 명희든 가난한 집에서 태어나 소년 가장 노릇을 하며 공부한 민수든, 오로지 시험 성적으로 신입생을 뽑는 대학에 지원할 기회는 가지고 있습니다. 대학이나 사회가 명희가 시험 볼 때 부당한 특혜를 주지도 않았고 민수가 지원할 때 명시적인 차별을 하지도 않았다고 합시다. 그렇더라도 이는 형식적인 기회균등입니다. 여기서 명희가 우수한 성적으로 입학한다면 '재능 있는 사람이 출세하는' 것이기는 합니다. 하지만 명희가 재능을 계발하고 발휘할 수 있었던 것은 우연하게도 부유한 환경에서 태어난 '행운'이 아주 크게 작용하고 있습니다. 명희에게 '대학 입학'이라는 자원이 분배되고 민수는 그렇지 못하다면, 이를 정의롭다고 할 수 있을까요?

"우연히 행운을 얻은 사람들은 그런 운이 없는 사람에게 온정을 베풀어야 한다."라고 흔히 말합니다. 소설 『키다리 아저씨』에서는 비밀에 가려진 부자인 '키다리 아저씨'가 작가의 재능이 있는 고아 소녀 '제루샤'를 후원하지요. 제루샤는 작가의 꿈을 키우며 언젠가 키다리 아저씨를 만나게 될 날을 기대합니다. 이처럼 사회 주류의 위치에 선 사람이 거기 오를 기회가 적은 사람에게 자선을 실천하는 것을 '자연적 귀족주의'라고 합니다. 흔히 '노블레스 오블리주'라고 부릅니다. 자연적 귀족주의는 자연적 자유 체제에 '차등의 원칙'을 부

과한 것입니다. 하지만 자선이라는 분배는 부유한 사람의 도덕적 의무라고 이야기되지 불리한 처지에 놓인 사람의 권리로 여겨지지는 않습니다.

'능력 있으면 출세하는 사회'는 아직 충분히 정의로운 사회가 아닙니다. 더 정의로운 사회로 나아가려면 '공정한 기회균등'이라는 조건을 갖춰야 합니다. 공정한 기회균등이 이뤄진 사회의 구성 원리를 '자유주의적 평등 체제'라고 부릅니다. 자유주의적 평등 체제는 "동일한 재능과 능력을 가진 사람은 태어난 소득계층과 관계없이 성공에 대한 동일한 전망을 가질" 수 있는 사회입니다.(존 롤스, 『정의론』 중에서.) 즉 개인이 택하지 않은 운은 사회 제도를 통해 그 의미가 중립화됩니다. '운의 중립화'가 뭐냐고요? 사람이 사는 데 운이 작용하는 것을 완전히 막을 수는 없습니다. 하지만 운 때문에 인생이 크게 불우해지거나 반대로 남들이 노력으로 따라잡을 수 없는 곳에 올라가 버리는 일은 없도록 만든다는 뜻입니다.

한 나라에서 공정한 기회균등을 실현하려면 우선 사회적 운에서 비롯되는 차이를 적절한 방법을 이용해 바로잡아야 합니다. 출발선을 최대한 동등하게 만들어 주자는 것입니다. 복지 제도 강화, 의무 교육 확대, 양질의 저렴한 공공 의료 제공 등이 그 방법입니다. 비록 상대적으로 소득을 적게 버는 가정에서 태어나서 자라더라도 국가가 좋은 교육을 무상으로 제공한다면, 부족한 소득을 튼튼한 복지 제도가 보충해 준다면, 불리한 운은 많이 교정될 것입니다. 소년 가장 민수는 부잣집에서 자란 명희하고 보다 공정하게 경쟁할 수 있

겠지요.

몇몇 선진국들은 아이들의 성장기와 교육 과정에 집중 지원할수록 그들이 평생에 걸쳐 더 많은 기회를 얻을 수 있다는 사실을 압니다. 그래서 캐나다는 '교육저축보조금' 제도를 시행하고 있습니다. 이는 17세 이하 아동의 부모가 교육 적금에 가입해 저축하면 저축 금액의 일정 비율에 해당하는 돈을 정부가 보태 주는 제도입니다. 저소득 가구에는 최대 40%까지 지원합니다. 가정에서 1천만 원을 모으면 국가가 4백만 원을 보태 주는 것이죠. 이 돈은 자녀가 대학에 갈 때 학비로만 사용할 수 있습니다. 핀란드에서는 16세까지 모든 아동이 한 달에 약 95유로(한화 약 12.5만 원)의 아동 수당을 받고, 17세부터는 소득 등 자격 기준에 따라 약 100~250유로(한화 약 13만~33만 원)의 학생 수당을 받습니다. 학생 수당은 부모가 아니라 청소년 본인이 직접 수령합니다.

"사람마다 능력이 달라. 그러니 능력에 따른 불평등은 어쩔 수 없어."라고 사람들은 말합니다. 그런데 능력주의는 어떤 이의 사회적 성공을 두고 '저건 운이 아니고 오로지 그의 능력으로 얻은 결과'라고 인정할 수 있어야 의미가 있습니다. 다시 말하면 부모 잘 만나는 사회적 운이 그의 성취에 미치는 영향력을 줄이고 다들 공정한 기회균등 환경에 서도록 만들어야 능력주의는 본연의 의미로 빛날 수 있지요. 그런데 재능은 있지만 그것을 발휘할 여건을 가지지 못해 성공에 도전할 기회에서조차 배제되는 사람이 많은데도, "능력이 있으면 누구나 출세할 수 있다."라는 식의 이야기가 고장 난 레코드처

럼 반복되고 있습니다. 이 주제에 대해 뒤에서 좀 더 다뤄 보도록 하겠습니다.

운을 중립화한
/
민주적 평등 사회

롤스의 자유주의적 평등 체제는 사회적 운의 효과를 교정해 공정한 기회균등으로 다가가려는 것입니다. 하지만 운에는 사회적 운만 있는 게 아니라 선천적인 우연, 즉 개인적 운도 있습니다. 선천적인 능력의 차이에서 비롯한 불평등한 결과는 그냥 두어도 되는 것일까요? 롤스는 정의로운 분배를 향해 한발 더 나가야 한다고 합니다. 민주주의적 평등, 또는 민주적 평등 체제로 말이지요.

재능은 기본적으로는 '행운'입니다. 곱슬머리나 갈색 눈을 타고나는 것처럼, 수리 능력이나 예술적 재능 또는 운동 감각 등도 그 기본 자질은 어느 정도 타고나기 때문입니다. 다이아몬드 원석은 갈아야 보석이 되듯이, 천부적 재능이 있더라도 그걸 계발하고 연마하는 과정이 있어야 재능이 발휘될 수 있겠죠. 그러나 타고난 자질이 없으면 이러한 후속적인 활동이 별 효과가 없을 것입니다. 따라서 개인적 운이란 그의 인생 전망에 대단히 중요한 영향을 미친다고 하겠

습니다. 우연히 어떤 재능을 많이 갖고 태어나거나 적게 갖고 태어나면 인생에서 그가 얻는 기회도 달라집니다. 재능이 행운과 긴밀한 관련이 있다면, 운이 좋아서 재능을 타고난 사람과 재능의 운을 갖지 못한 사람 사이에 발생하는 불평등도 정당화될 수 없습니다.

이처럼 재능의 우연성 때문에도 불공정이 발생합니다. 이 불공정을 바로잡는 데 두 가지 평등 전략이 있을 수 있습니다. 하나는 모든 사람의 개성을 획일화시키는 것입니다. 소설 『멋진 신세계』에 나오는 기이한 미래 세계에서, 교사는 아이들의 감정을 통제하고 평준화시키기 위해 아이들에게 꽃을 보여 준 다음 전기 충격을 가합니다. 아름다운 대상을 접하여 여러 감상이 생기는 걸 막기 위해 전기 충격으로 꽃에 대한 혐오감을 유도한 것이죠. 최근 과학 기술의 발전으로 인간의 유전자를 편집하여 어떤 능력을 키우거나 어떤 단점을 줄일 수 있을 거라는 전망이 있습니다. 이런 유전자 조작으로 사람들의 차이를 제거하고 능력을 평준화시킬 수 있다고 가정합시다. 이런 평등을 받아들일 수 있을까요?

이는 인간이 수단이 아니라 목적이라는 믿음을 거스릅니다. 나의 개성대로 삶을 살아가는 자유는 기본적 권리입니다. 우리가 평등을 추구하는 이유는 인격의 평등 원칙 위에 다양한 개성이 자유롭게 펼쳐지는 사회를 원해서지, 절대적 평등을 완성한다는 목표하에 각자의 삶에서 개성을 제거하는 사회를 원해서가 아닙니다. 그런 방식으로 개인적 우연성에 따른 불평등을 해소할 수 있다고 해도, 그것은 인간을 평등이라는 목적의 도구로 사용하는 것에 다름 아닙니다.

또 다른 평등 전략은 산출된 결과를 분배할 때 능력, 노고, 기여의 차이를 일절 부정하고 똑같이 분배하는 것입니다. 하지만 이 역시 부작용이 있습니다. 천부적 재능을 가진 사람이 그 재능을 계발하고 발휘할 동기를 잃을 것이고, 그렇게 되면 사회 전체적으로 이익이 줄어들 수 있지요. '남보다 굳이 더 일하거나 더 노력할 필요가 없다'고 느끼는 정도쯤이면 차라리 괜찮을 수도 있습니다. 그런데 '어차피 똑같은 몫만 받을 것, 할 수 있는 한 남보다 적게 일하자. 내가 할 일도 최대한 떠맡기자'는 생각으로 '부담 떠넘기기' 경쟁이 벌어질 수도 있습니다. 이것은 타인을 내 이익을 위한 수단으로 이용하는 것이므로 부당합니다.

롤스는 대신 이렇게 제안합니다. 사회에 다양하게 분포된 천부적 재능들을 사회 전체의 행운 즉 사회의 공동 자산으로 보자고 말입니다. 사람들의 재능을 평준화하기보다 각자 그 재능을 활용하게 하고, 그 재능에서 비롯된 이익을 공동체 구성원들이 골고루 나눈다는 조건에서 재능을 가진 사람에게 좀 더 많은 몫을 인정해 주자는 것입니다.

공동체 구성원들이 골고루 나눌 때에도 순서가 있습니다. 우선 사회의 최소 수혜자의 처지가 가장 많이 나아져야 합니다. 최소 수혜자의 삶이 이전보다 나아지고, 차례로 그 바로 위 계층의 삶이 나아지는 순서로 진행되어야 하죠. 바로 이러한 조건하에서만 선천적 재능을 소유한 사람은 상대적으로 더 많은 몫을 가질 수 있습니다. 이러한 차등 분배는 그의 재능 발휘를 유도하기 위한 일종의 '인

센티브'입니다. 자기에게 재능이 있다고 하여 남보다 많은 분배를 당연한 권리로 요구할 수는 없습니다. 재능 있는 사람들은 그 재능을 행운에 의해 잠시 보관하고 있는 것입니다. 따라서 사회 제도는, 재능 있는 사람들이 자기 삶의 전망을 개선하려고 노력할 때 그 노력의 성과물이 재능의 행운을 덜 가진 사람에게도 골고루 분배되도록 만들어야 합니다. 재능 있는 사람에게 성취 동기를 빼앗지 않으면서, 동시에 타인에게도 도움이 되도록 사회 제도를 구성하는 것, 그것이 정의로운 사회입니다.

단, 천부적 재능을 사회의 공동 자산으로 여긴다는 말의 뜻이 사회가 개인의 재능을 마음대로 동원할 수 있고 그 재능을 가진 사람은 사회의 명령에 무조건 따라야 한다는 것은 아닙니다. 글쓰기에 재능이 있는 '은주'는 장차 소설가가 되고 싶은데, 정부가 은주의 전망을 무시하고 강제로 정부 홍보 담당자로 임명한다든가 해서는 안 되죠. 이는 개인의 전체 혹은 일부를 공공의 이름으로 노예화하는 것과 다르지 않습니다. 그건 인격의 평등 원칙에 어긋나지요.

공정한 기회균등은 차등의 원칙과 결합해야 더 정의로워집니다. 소득과 지위 등의 분배가 사회적 운에 의해 결정되어서는 안 되는 것처럼 선천적 재능에 의해 전적으로 결정되는 것 역시 허용할 이유가 없기 때문입니다. 민주적 평등 체제는 사회적 우연성과 개인적 우연성으로 생겨나는 불평등을 바로잡고 공정한 기회균등을 실질적으로 보장하는 체제입니다.

민주적 평등 체제는 운의 영향을 없애기 위해 개인을 둘러싼

환경이나 각자의 개성을 획일화시키자고 하는 대신, 그 운을 이용해 자기 이익을 추구하려 할 때 반드시 사회 전체의 이익도 함께 끌어올리게끔 제도를 만들어 보자고 합니다. 그래서 자유와 평등, 개인과 공동체의 조화를 이루자는 겁니다.

경영자 임금 올리려면
/
최저 임금도 올려라

2013년 스위스 수도 베른에서 많은 시민들이 창문과 발코니에 '1:12'라고 쓴 현수막을 달았습니다. 취리히에서도 같은 현수막이 여기저기에 내걸렸지요. 당시 스위스의 한 진보적인 정당이, 회사의 CEO(최고경영자)가 받는 임금이 그 회사에서 가장 적게 받는 노동자 임금의 열두 배를 넘지 못하게 한다는 '1:12 법안'을 제안했습니다. 그 정당은 시민들의 서명을 받아 이 법안을 국민투표에 발의했습니다.(스위스에서는 다양한 안건으로 자주 국민투표가 열립니다.) 1:12 현수막을 단 것은 1:12 법안 통과를 지지하는 운동이었던 거죠.

1:12 법안은 회사 내 임금 불평등을 줄이기 위한 것입니다. 스위스 노동조합들은 연봉 상위 1%의 임금이 수십 배나 오른 반면 같은 기간에 중위 소득자와 하위 소득자의 임금은 오르지 않거나 아주 미미하게 올랐다고 지적했습니다. 유명 식품업체 네슬레에서는 CEO와 일반 직원의 임금 격차가 200배였고, UBS 은행 회장은 424

스위스에서 벌어진 1 : 12 운동.

배에 달하는 연봉을 받았으며, 제약 회사 노바티스의 회장은 우리 돈으로 약 820억 원의 퇴직금을 받아 챙겨 시민들의 분노를 샀습니다.

스위스 기업과 정부는 1:12 법안이 통과되면 기업들이 다 해외로 빠져나갈 것이라며 투표 직전까지 국민들에게 겁을 줬습니다. 투표 결과 찬성이 35%, 반대가 65%로 나와 법안은 부결되었습니다. 그러나 기업과 정부가 엄청난 돈을 들여 법안에 반대하는 캠페인을 했음에도 불구하고 유권자 3분의 1이 찬성표를 던진 것은 그만큼 임금 불평등에 대한 시민들의 불만이 컸다는 것을 보여 줍니다.

평등한 시민들의 공정한 분배는 '차등의 원칙'을 포함해야 한다고 했습니다. 정의로운 사회라면 차등의 원칙을 단순히 호소하는 정도를 넘어 제도로 만들어야 합니다. 스위스의 1:12 법안 같은 제도를 최저 임금법과 비교하여 '최고 임금법'이라고 부릅니다. 최고 임금법은 차등의 원칙을 제도화하는 시도라고 할 수 있습니다.

그동안 대기업의 경영자들은 노동자들에게는 "회사 사정이 어려워 월급을 올려 줄 수 없다." 하면서도 자기들의 급여와 보너스는 크게 올렸습니다. 다시 말해 노동자들에게 낮은 임금을 준 덕분에 경영자들은 초과 이익을 누렸던 것입니다. 최고 임금법의 취지는, 최고 임금을 최저 임금과 일정 비율로 연동시킴으로써 경영진들이 자기네 임금만 마음대로 올리지 못하게 하고, "당신들의 보수를 올리고 싶으면 가장 열악한 처지의 노동자들의 보수도 함께 올려라."라고 요구하는 것이죠.

스위스에서 부결되었지만, 비슷한 시도가 여러 나라에서 진행되었습니다. 미국 로드아일랜드주는 2014년에 CEO 급여에 대비한 직원 급여의 비율 차이가 작은 기업에게 정부 사업 입찰에서 우선권을 주는 법안을 통과시켰습니다. 스페인의 대표 기업 중 하나이며 협동조합으로 운영되는 몬드라곤은 CEO와 직원 간 급여 차이를 6배 이내로 제한하고 있습니다. 몬드라곤은 급여의 격차가 작고 평등할수록 직원들이 열정을 가지고 회사 일에 참여한다는 믿음을 공유하고 있습니다.

한국에서는 이른바 '살찐 고양이법'이 발의되었습니다. 살찐 고양이fat cat는 미국 월스트리트의 탐욕스런 자본가를 풍자할 때 자주 사용된 이미지로, 소수의 고양이만 살찌우는 분배 체제에 제동을 걸자는 것이 법의 취지이지요. 이 법안은 민간 대기업 임직원의 최고 임금은 최저 임금의 30배를 넘지 않도록, 공공 기관 임직원은 10배를, 국회의원과 고위 공직자는 5배를 넘지 않도록 정한다는 내용입니다. 2018년 우리나라 주요 30대 기업에서 CEO의 보수는 일반 직원의 약 40배에 이르며 삼성전자는 최대 208배나 됩니다. 해마다 이 임금 격차는 커지고 있지요.(법이 아직 통과되지는 못했습니다.)

스위스의 1:12 운동과 비슷한 '1:10 운동'이 2019년 한국에서 시작되었습니다. 알바 노동자, 시민운동가들이 함께 '1:10 운동본부'를 만들어 근로 소득 상위 1%와 최저 임금의 차이를 10배 이하로 할 것을 요구하며 나섰습니다. 이들에 따르면 우리나라 소득 상위 1%는 월 2,200만원의 소득을 벌어 가는 반면 최저 임금의 적용을 받

는 소득 최하위층 노동자는 월 174만 원가량 벌고 있습니다.(2019년 현재 최저 임금 시급 8,350원을 월급으로 계산.) 이 격차가 약 12.65배인데, 이를 10배로 좁히자는 것이죠. 그러면 최저 임금을 시급 10,526원으로 올려야 합니다. 살찐 고양이법, 1:10 운동 등은 차등의 원칙을 보다 구체적인 형태로 실현하려는 시도입니다. 사회적, 개인적 행운을 이용해 더 많은 몫을 차지한 사람들은 가장 열악한 몫을 받는 노동자들의 처지 개선에 더 많은 책임을 져야 한다는 것이죠.

사람들은 경영자가 노동자보다 100배 이상 높은 보수를 가져가는 걸 보고 저 사람들은 그만큼 더 노력했으니까 또는 저 사람들은 창의성이 뛰어나니까 '그래서 저런 보수를 받을 자격이 있겠지.'라고 지레짐작합니다. 불평등 그 자체에 어떤 정당성이 있을 거라고 보는 것이죠. 이것은 현상을 본질로 착각하는 것입니다.

과거 사람들은 해가 동쪽에서 떠서 서쪽에서 지는 걸 보고 실제로도 해가 하늘을 돌고 지구는 고정되어 있는 것이라 생각했습니다. 시간이 지나면서 해가 지구를 도는 게 아니라 지구가 해를 돈다는 걸 알게 되었죠. 과학적 사고가 부족하던 시대에는 본질이 뒤집혀 나타난 현상을 보고 그게 곧 본질이라고 착각했습니다. 마찬가지로 정의의 관점에서 사회 불평등을 보면 불평등은 그 자체로 어떠한 정당성을 갖고 있지 않습니다. 원초적 입장에 섰다면, 사회적 운이나 개인적 운에 의해 더 많은 이익을 차지하는 게 정당하다고 인정하지 않을 테니까요.

불평등은 오직 평등한 시민들이 합의한 규칙하에서만 인정할

수 있습니다. 그 불평등이 결과적으로 최소 수혜자를 포함한 시민 모두에게 이익이 되어야 한다는 것이죠. 그렇지 못하는 한 불평등은 정의 원칙에 대한 기만입니다. 바로잡아야 마땅합니다.

공채 시험을 거쳐야

/

공정하다?

어느 공기업에서 오랫동안 무기 계약직(비정규직)으로 근무한 직원들을 일반직(정규직)으로 전환한다는 방침을 발표하였습니다. 그러자 그 공기업의 정규직 직원들이 반대하고 나섰습니다. 주로 입사한 지 몇 년 안 된 젊은 직원들이었는데, 반대한 이유는 "비정규직은 공채 시험을 보지 않았는데 시험을 보고 정규직이 된 우리와 똑같이 대우하면 불공정하다."라는 것이었습니다. 이들이 만든 선전물에는 다음과 같은 문구들이 담겨 있습니다.

- 공명정대한 공개채용 제도를 부정하는 특혜성 정규직화는 과연 누구를 위한 정규직화 정책인가요?
- 기준 없는 무분별한 그들만의 정규직화는 취업을 준비하는 수많은 청년들을 절망으로 몰아가고 있습니다.
- 더 많이 준비하고, 노력한 청년들에게 정규직 일자리가 돌

아가는 것이 합당할 것입니다.°

한 청년 정규직 직원은 언론 인터뷰에서 "비정규직 노동자가 정당성을 주장하려면 공채 시험을 보고 들어와야 한다.", "공채 시험 평균 경쟁률이 77 대 1이다. 비정규직들이 정규직과 동일한 것을 요구하는 것은 역차별이며 납득하기 어렵다."라며 불만을 터트렸습니다. 그런데 그 공기업에는 이 청년 정직원보다 현장 근무를 오래 해온 비정규직 직원도 있습니다. 현장 업무의 역량만 보면 비정규직 직원이 더 뛰어날 수도 있는 거죠. 그럼에도 이 정규직 청년의 시각에서는 오래 근무한 것과 상관없이 공채 시험 통과가 정직원의 자격입니다. 시험을 치르지 않고 정직원이 되는 건 '무임승차'라는 거죠.

오늘날 정규직, 비정규직이라고 하는 말이 익숙하지만 두 집단이 전부터 지금처럼 구분되는 건 아니었습니다. 정규직이란 한번 채용되면 특별한 이유가 없으면 고용이 보장되는 노동 형태를 말하는데, 원래 이건 기업이 노동자를 고용하는 기본 형태입니다. 노동자가 무슨 특별한 노력을 해야 얻는 지위가 아니었죠.

다만 기업에 예외적인 상황이 있을 수 있는데, 여성 직원이 출산과 육아를 위해 한동안 쉬기로 해 그 기간만 일할 직원이 필요하거나, 단기간에 끝내야 하는 프로젝트가 생겨서 그 기간에만 인력이 더 필요한 경우입니다. 이처럼 특정한 기간 또는 업무에 한시적으로 고용되어 일하는 노동 형태를 비정규직이라고 합니다. 즉 한번 고용되면 계속 그 상태를 유지하는 노동 형태가 기본이고, 비정규직은 회사

서울시 지하철 1호선 청량리역에 부착된
특혜성 정규직화 반대 포스터.

가 특수한 사정이 생겼을 때 단기간 일하기로 계약하고 고용하는 형태입니다. 원래는 그랬습니다.

하지만 기업은 특수한 이유가 없는데도 비정규직 고용을 늘리기 시작했습니다. 정직원은 연차가 쌓이면 급여를 올려 줘야 하지만, 비정규직은 근무 기간과 급여를 정해 놓고 그만큼만 일 시키다가 계약을 해지하면 그만이니까요. 기업 입장에서는 급여도 적고 복리후생을 책임져 주지 않아도 되는 비정규직 고용을 선호했고, 그 전까지 정직원이 하던 업무를 비정규직으로 대체해 왔습니다. 우리나라 법은 기업이 비정규직에게 같은 업무를 2년 이상 시키려면 정규직으로 전환하게 합니다. 비정규직을 고용할 특수한 사정이 없다는 말이니까요. 그러자 기업은 2년이 되기 전 비정규직을 계약 해지했다가 재계약하는 식으로 정규직 전환을 회피했습니다. 2년보다 짧은 계약, 1년이나 6개월짜리 계약의 반복도 허다했습니다.

이러면서 비정규직 노동자들은 원래 정직원이 하던 일을 상시적으로 하면서도 정규직에 비해 차별 대우를 받아 왔습니다. 통계청 발표에 따르면 대기업 정규직이 100만원을 받을 때 대기업 비정규직은 65만원을 받습니다. 중소기업 비정규직은 그보다도 훨씬 적은 35만원에 불과합니다.

차별을 없애 달라는 비정규직 노동자의 요구가 컸고, 정부는 공공 기관과 공기업부터 비정규직 업무를 정규직 업무로 전환하도록 유도했습니다. 그랬더니 이번엔 정규직 노동자들에게서 '역차별'이라는 항의가 나옵니다.

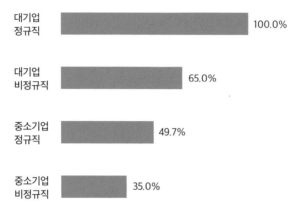

정규직, 비정규직 시간당 임금 수준

대기업
정규직 ████████████████████ 100.0%

대기업
비정규직 █████████████ 65.0%

중소기업
정규직 ██████████ 49.7%

중소기업
비정규직 ███████ 35.0%

출처: 통계청, 2015년.

취업문이 좁아진 오늘날, 대기업이나 주요 공기업의 공채 시험은 수십 대 일의 경쟁률을 뚫어야 합니다. 시험에 통과하려고 많은 청년들이 도서관에서 밤낮없이 공부한 것은 사실입니다. 그들의 입장에서 오래 일했다는 이유로 비정규직 직원을 정규직화하면 시험 준비에 쏟은 자신들의 노력은 뭐냐고, 공정하지 않다고 항의할 수 있습니다.

하지만 비정규직 노동자들도 마찬가지로 '공정하지 않다'고 말할 겁니다. 작업 현장에서 정규직과 같은 일을 이미 수년째 해 왔

는데 비정규직으로 차별 대우 받아야 할 이유가 뭐냐는 것이지요. 때로 작업 현장에서 더 위험하고 힘든 일을 비정규직들이 맡는데, 더 힘든 일을 시키면서 급여가 더 적은 게 말이 되느냐고도 합니다.

공채 시험을 봐서 들어오지 않았는데 정규직화는 불공정하다는 입장, 같은 일을 하는데 비정규직으로 차별하는 건 불공정하다는 입장. 이처럼 정규직 노동자와 비정규직 노동자는 무엇이 공정한지에 대해 전혀 다른 입장입니다. 여러분은 어떻게 보시나요?

능력주의란
/
정당한 믿음인가?

그것은 공정하지 않다!

2018년 2월 평창 동계 올림픽에서 정부가 여자 아이스하키 남북 단일팀을 구성하기로 하자 20대로부터 반대 여론이 컸습니다. 올림픽 출전을 위해 노력한 한국 선수들이 갑자기 들어온 북한 선수들 때문에 피해를 본다는 것이지요. 남북 단일팀이 성사되면 '평화 올림픽'을 내건 대회 취지에도 맞고 남북 관계를 개선하는 데 도움이 될 거라고 여기는 기성세대는 요즘 세대(1990년대~2000년대 태어난 이들.)의 이런 태도를 잘 이해하지 못했습니다.

한 명문대생이 지역 균등 전형(소외 지역 출신 학생을 배려하기 위해 만든 입학 전형.)으로 입학한 학생을 두고 '지균충'이라고 비하하는 일이 있었죠. 인터넷에서는 그 명문대생이 엘리트 의식으로 차별적 발언을 했다며 비난하는 목소리와 함께, 대학은 오직 성적순으로 학

생을 선발해야 하는데 지역을 배려한 전형은 열심히 학업에 몰두한 학생에게 역차별이라며 명문대생을 옹호하는 주장도 올라와 논쟁이 벌어졌습니다. 또 어떤 대학에서 그동안 성적 우수생에게 지급하였던 '성적 장학금'을 폐지하고 가정 형편에 따라 지급하는 '생활 장학금'을 늘리기로 하자, 학생의 본분은 공부이므로 장학금 지급 기준은 성적이 되어야 한다는 반발이 대학생 사이에 나왔습니다. 비정규직 노동자들이 '정규직화'를 요구하며 오래 싸운 끝에 정규직으로 전환하자, "정규직이 되려고 열심히 공부한 나는 뭐냐?"라며 비난 댓글을 다는 청년들이 있습니다. 이런 논란에서 요즘 세대들이 모두 같은 입장에 서 있지 않습니다. 다만 이러한 논쟁에서 양쪽 주장이 모두 '불공정'을 비판한다는 것이 공통점입니다.

요즘 세대는 정말 공정함에 민감한 것 같습니다. '공정세대'라는 말도 등장할 정도이니까요. 그런데 요즘 세대가 특히 공정성을 선호하고 이전 세대는 그러지 않았을까요? 이전 세대는 불공정과 차별에 둔감했나요? 그렇지는 않습니다. 다만, 민감하게 여기는 사안과 그것을 평가하는 잣대가 크게 달라졌습니다. 이전 세대가 남북 관계, 경제, 정치 문제 등에 민감하고 공동체, 민주주의 같은 기준으로 옳고 그름을 평가한다면, 요즘 세대는 자기들의 이해관계와 밀접한 이슈에 민감하고 사안을 평가할 때 특정한 잣대를 유독 중시하는 경향이 있습니다. 그 잣대란, '능력과 노력의 차이에 따라 평가도 달라야 한다'는 것입니다. 흔히 '능력주의'라 부르는 잣대이지요.

그런데 능력주의란 실은 꽤 넓은 의미로 쓰이는 말입니다. '능

력이 있으면 누구나 출세할 수 있다'는 의미에서부터, '각자의 능력에 따라 차등적으로 보상받아야 한다'는 의미, '지위나 직책은 그 일을 가장 잘할 능력을 갖춘 사람에게 맡겨져야 한다'는 의미로도 쓰입니다. 더 좁게는 '합격자를 선발할 때 시험 성적이 가장 중요한 기준이다'라는 의미로도 쓰이지요. 여기서 능력은 재능과 그것을 연마하고 발휘하는 노력을 포함합니다.

능력주의로 번역되는 meritocracy란 단어는 1958년에 영국의 사회학자 마이클 영이 쓴 풍자 소설『능력주의의 등장』을 통해 알려졌습니다. 그리 오래되지 않은 것이죠. 영은 능력주의를 긍정적인 의미로 제시하지 않았습니다. 그는 미래 사회를 철저한 능력주의로 운영되는 체제로 묘사했습니다. 이 사회는 평생에 걸쳐 아이큐 테스트가 이뤄지고 그 결과에 따라 직업이 엄격하게 할당됩니다. 즉 영이 말한 능력주의는 지적 능력으로 사회적 위계가 정해지는 디스토피아였지요. 영의 의도는 이런 식의 능력주의를 사회가 도입해서는 안된다고 말하려는 것입니다. 당시 영국에서 학생을 지능 지수로 평가하는 방식을 도입하려고 하자 이를 비판하려 했던 거죠. "능력 위주 사회는 새로운 계급 차별을 낳는다."가 그의 책의 주제였습니다.

책이 나온 뒤로 능력주의란 말이 사회에 빠르게 받아들여졌습니다. 소설이 인기가 있어서가 아니라, 자본주의 사회에서 사람들이 공유하고 있는 믿음을 그 단어가 잘 표현해 주었기 때문입니다. 그 믿음이란, 사회의 주요 지위나 직업을 가질 기회는 거기에 맞는 능력을 가진 사람에게 개방되어야 하고 또 능력을 가진 사람들이 공

정한 경쟁을 거쳐 지위와 직업을 얻어야 한다는 겁니다. 이것은 자본주의 사회가 신분제 사회를 무너뜨리고 출현했다는 걸 생각하면 이해하기 쉽습니다. 신분 등 우연히 주어진 특권에 따라 사회적 지위가 분배되는 시스템을 비판하면서 나온 게 자본주의 사회니까요.

1950년대와 1960년대 시대 상황도 능력주의라는 말의 확산에 한몫했습니다. 이 시기 미국 등 선진국은 '자본주의 황금기'라 할 만큼 풍요를 누렸습니다. 흑인 민권 운동 등의 성과로 시민권도 크게 확장되었죠. 가난한 청년이 성실히 일해 큰 기업을 일군 사례, 코피 흘리며 공부해 고위 공직에 오른 사례가 생겨나면서 능력주의의 믿음은 확고하게 뿌리내렸습니다. 그 당시는 냉전기였는데, 미국은 라이벌인 사회주의 국가 소련이 "결과의 평등을 추구하느라 다 같이 가난하다."라며 '능력주의와 기회의 평등을 추구하는 미국이 진정 자유롭고 평등한 사회'라는 이데올로기를 퍼트렸습니다. 노력하면 누구나 사회의 주류가 될 수 있는 미국이 소련보다 더 공정하다고 말입니다.

정리하면 능력주의란, 재능 있고 노력하면 그만큼 보상받고 출세할 수 있다는 믿음인 동시에, 지위나 직업은 능력을 갖춘 사람들 사이에 공정한 경쟁을 통해 분배되어야 한다는 분배 원칙을 말합니다. 능력주의 관점에서는 공정한 경쟁을 거친 불평등한 결과는 당연한 것입니다. 마땅히 받아들여야만 하고, 불만을 가져서는 안 되죠.

이러한 능력주의는 돈이면 다 된다는 금전만능주의와는 분명히 다릅니다. 2016년 말 '촛불 혁명'이 일어날 때 최순실의 딸 정유라

가 에스엔에스에 올린 문구가 사람들을 몹시 화나게 했었죠? "돈도 실력이야. 억울하면 네 부모를 닷해." 여기에 사람들이 분노한 데는 능력주의에 대한 믿음도 깔려 있습니다. 정유라는 최순실이 압력을 넣은 덕에 이화여대에 떡하니 붙었지요. 자기 실력으로 경쟁하지 않고 부모의 돈과 권력자와의 연줄로 기회를 얻다니, 능력주의의 입장에선 받아들일 수 없지요. 그렇게 분노한 많은 청년들이 촛불 시위에 동참했습니다. 공정함에 대한 청년들의 기대는 촛불 혁명 후 문재인 대통령의 취임 연설에도 반영되었습니다. "기회는 평등할 것입니다. 과정은 공정할 것입니다. 결과는 정의로울 것입니다."

여기까지 보면, 능력주의는 정당한 믿음이자 원칙인 것 같습니다. 그런데 능력주의에는 한 가지 전제가 있습니다. 능력주의가 평등한 시민들 사이의 분배 원칙이 되려면 그 전제가 튼튼한 사실이어야 합니다. 그 전제는 '개인의 성취는 그의 능력에서 비롯된 정직한 결과'라는 겁니다. 개인의 성취 또는 업적은 정말 그의 능력으로 이룬 결과물인가요?

미국의 사회학자 스티브 J. 맥나미와 로버트 K. 밀러 주니어는 이렇게 지적합니다.

사람들은 능력주의 시스템은 궁극적으로 공정하며, 평등한 기회를 제공하겠다는 능력주의의 약속은 지켜질 수 있다고 믿고 싶어 한다. …… 그 누구에게도 차별적 특혜를 주지 않으며, 모두에게 공평한 기회를 제공하며, 타고난 계층 배경이나

부모의 사회경제적 지위와 상관없이 오로지 개인의 능력에 따라 보상을 제공한다는 논리는 수많은 사람들을 현혹시켰다. …… 기회의 평등이 실현되기는커녕 부모의 부나 계층, 사회경제적 지위에 따라 모든 기회가 차별적으로 주어지면서 결국 직업과 소득의 격차로 이어지고 있다. 개인의 능력이 아닌 것들이 삶의 결과에 영향을 미치기 시작하면 능력주의는 점점 설 자리를 잃게 된다.

_ 스티브 J. 맥나미, 로버트 K. 밀러 주니어, 『능력주의는 허구다』 중에서

이 비판은 능력주의가 본연의 의미를 잃어 가고 있다는 것입니다. 어째서 그렇다는 걸까요? 개인이 무언가를 성취하는 과정에서 '능력적 요인'보다 '비능력적 요인'이 결과에 더 큰 영향을 미치고 있기 때문입니다.

능력적 요인은 타고난 재능, 자신이 계발한 능력, 근면과 성실, 집중력, 창의성, 도덕성, 사교 능력 등입니다. 비능력적 요인이란 이런 것들입니다. 경쟁을 방해하는 반칙과 부정, 사회에 명시적 또는 암묵적으로 존재하는 차별, 각자의 출신 환경, 어찌할 수 없는 불운과 사회적 변화 등등. 출신 환경은 가정과 주변 환경을 포함합니다.

비능력적 요인 가운데 반칙과 부정은 2018년에 일어난 모 고교 중간고사 시험지 유출 사건°처럼 확실한 공분을 자아내는 것이지만, 찾아내 바로잡기도 상대적으로 쉽습니다. 법을 어긴 것이니 잡아서 벌을 주면 됩니다. 하지만 형식적으로 절차에 잘못이 없더라도 각

자의 삶에 지속적으로, 큰 영향을 미치는 요인들이 더 많습니다. 이 요인들은 사회 문화와 구조에 자연스럽게 스며 있어서 인식하기가 더 어렵습니다.

차별이
/
능력 발휘를
/
가로막는다

과거에는 노비는 아예 글을 못 배우게 했고, 여자는 양반가에 태어나도 과거를 치지 못하게 했으며, 흑인에겐 투표권을 주지 않았지요. 출신 신분, 성^性, 인종에 따라 사람을 대놓고 구분 짓고 차별했습니다. 현재는 이러한 공식적이고 명시적인 차별은 많이 사라진 편입니다. 그러나 비공식적이고 암묵적인 차별은 여전히 존재합니다.

2017년 3월, 부산 대학교 정치 외교학과 교수인 로버트 켈리 교수는 부산 자기 집에서 영국 BBC와 생방송 화상 인터뷰를 했습니다.° 박근혜 전대통령의 탄핵 선고라는 긴박한 정치 상황이 남북 관계에 어떤 영향을 미칠지에 대한 인터뷰였습니다. 생방송 인터뷰 중에 방문이 열리더니 네 살 먹은 켈리 교수의 딸이 아장아장 들어왔습니다. 딸은 천진하게 아빠 옆에서 장난을 칩니다. 몇 초 후 9개월 된 켈리 교수의 아들이 보행기를 밀며 방으로 들어옵니다. 이어 한 여자가 헐레벌떡 들어와 아이들의 손을 끌고 방을 나갑니다. 밖으로 나간

BBC News, 「Children interrupt BBC News interview」, 2017. 3. 10.

여자는 무릎으로 기어 들어와 방문을 닫습니다. 역대급 방송 사고였지요. 하지만 BBC 앵커들은 유쾌하게 웃었고, 시청자들도 웃었습니다. 순진한 아이들로 인해 생긴 일이고, 아빠가 진땀 빼는 게 우습기도 하고요.

영국의 언론들은 이 해프닝을 보도하며 "보모^{nanny}가 아이들을 황급히 데리고 나갔다."라고 설명했습니다. 그런데 여성은 보모가 아니라 켈리 교수의 아내 김정아 씨였습니다. 영국 언론은 백인 남성인 켈리 교수 집에서 아이들을 돌보는 동양인 여성은 당연히 교수가 고용한 보모라고 짐작한 것이죠. 그 여성이 켈리 교수의 아내라고 밝혀진 후에도 일부 기자들은 무의식적으로 '보모'라는 표현을 썼습니다. 선입견은 이렇게 강합니다. 만약 인터뷰하는 사람이 김정아 씨이고 그때 백인 남성이 들어와 아이들을 챙겼다면 사람들은 그 남성을 김정아 씨가 고용한 베이비시터라고 생각했을까요?

미국에서 흑인에 대한 고정 관념도 심합니다. 흑인으로 최초의 미국 대통령이 된 버락 오바마는 정치에 들어서기 전 시카고에서 변호사로 활동했습니다. 오바마 변호사가 호텔 식당에서 식사를 하고 나와 직원에게 자기 차를 가져다 달라고 부탁하고 호텔 문 앞에서 기다렸습니다. 그때 오바마 앞에 한 고급 승용차가 서더니, 차에서 백인 부부가 나와 차 열쇠를 오바마에게 던지듯이 주고 호텔로 들어가 버렸습니다. 그 백인 부부는 호텔 앞에 선 흑인은 당연히 호텔의 수위라고 여긴 것이죠. 성공한 변호사인 오바마도 이런 일을 겪는데 대부분의 흑인들에 대한 선입견은 어떻겠습니까? 시카고에서 흑인

이 탄 차량은 백인 차량보다 경찰로부터 다섯 배 이상 많은 불심 검문을 당한다는 조사도 있습니다.

여성, 인종, 장애, 출신 학교나 출신 지역에 대한 고정 관념과 선입견은 보이지 않는 차별로 이어집니다. '지방 대학 출신인데 대단한 능력이 있겠어?', '여자는 뽑아도 곧 그만둘 거야.', '○○ 지역 사람들은 어딘가 교활한 거 같아.' 따위의 선입견은 그들에 대한 평가에 부정적 영향을 미칩니다. 평가하는 사람의 눈에 색안경을 씌워 상대의 능력을 제대로 평가하지 못하게 만드는 것이지요.

한편 이러한 보이지 않는 차별은 사람들이 능력을 충분히 발휘할 수 없도록 만들기도 합니다. 미국에서 벌인 실험에서, 여성에게 수학 시험을 치게 하면서 시험 시작 전에 답안지에 먼저 성별을 기입하라고 요구했더니 성별을 쓰지 않았을 때보다 성적이 떨어졌다고 합니다. 흑인도 시험 치기 전 답안지에 인종을 기입하라고 요구하니까 역시 점수가 더 떨어지는 현상이 나타났습니다. 반면 남성이나 백인이라는 특질을 기입하게 했을 경우에는 과제 수행에 별 영향을 미치지 않았습니다. 여성이나 흑인은 평소에 차별을 받은 경험이 무의식적으로 상기되면서 자신감이 떨어지고 과제 수행 능력도 떨어진 것입니다.

현실에 존재하는 보이지 않는 차별의 예로 직장 내 '유리 천장'이 있습니다. 유리 천장이란 여성이 직장에서 고위직으로 승진하는 과정에서 마치 보이지 않는 천장에 부딪히는 것처럼 제약을 당한다는 뜻입니다. 여자라고 대놓고 승진을 차별하면 불법이므로 그렇

게 하지는 않습니다. 그러나 결과를 놓고 보면 여자 사원은 남자 사원에 비해 승진에서 턱없이 밀립니다. 정부 발표를 보면, 경제 협력 개발 기구^{OECD} 국가들의 기업 내 여성 임원 비율은 평균 21.8%인데 우리나라 상위 500대 기업에서 여성 임원은 전체 임원의 3%에 불과합니다(2017년). 500대 기업 중 여성 임원이 한 명도 없는 기업도 3분의 2나 됩니다.

'여자가 남자보다 일을 못해서 그렇지, 뭐.'라는 생각은 아무 근거 없는 선입견입니다. 입사 시험에서 남자든 여자든 일정한 기준을 통과했기에 선발되었습니다. 오히려 그런 선입견이 유리 천장을 만듭니다. 사원을 평가하는 시스템에 여성에 대한 선입견이 퍼져 있어 제대로 된 평가를 하지 못하게 하고, 그것이 여성의 승진을 가로막습니다. 여성이 승진에서 밀리면 그것은 다시 고정 관념을 강화하는 이유가 됩니다. 악순환입니다. 능력주의를 지지한다면 이런 보이지 않는 차별에 당연히 반대해야 하겠습니다.

용은 개천이 아니라
/
고급 풀장에서 난다

'개천에서 용 난다'는 말처럼 되는 사회를 '계층 이동성'이 높은 사회라고 합니다. 능력 있고 성실하면 현재보다 더 나은 지위와 소득을 가진다고 기대할 수 있는 사회이지요. 계층 이동성이 높은 사회는 그렇지 못한 사회보다 상호 신뢰가 높고 사람들이 미래 지향적입니다. 계층 이동성이 높다는 건 능력주의를 지지할 명분이 됩니다.

하지만 오늘날 사회는 계층 이동성이 점점 정체되고 있지요. 계층 이동성이 정체된다는 말은 부모의 지위 및 소득이 자식의 지위 및 소득을 사실상 결정한다는 말입니다. 여러분의 할아버지·할머니 세대는 대체로 그분들 부모님보다 경제적으로 훨씬 나은 삶을 살 수 있었습니다. 어려서는 가난한 농촌에서 보릿고개를 경험하였지만 자신들이 부모가 되었을 때는 안정된 소득을 버는 번듯한 직장에 자리 잡은 경우가 많았지요. 그런데 오늘날은? 자식이 전문직·고소득자일 경우 그 부모의 직업을 보면 역시 전문직·고소득자일 비율이

평범한 직업일 비율보다 두 배 이상 높습니다. 이처럼 개인의 능력보다 그의 출신 환경이 삶의 출발선 및 미래 전망에 더 큰 영향을 미칩니다. 다시 말하면 능력보다 부모에게서 물려받은 '상속'이 결과를 정하고 있다는 거죠. 용은 개천에서 나지 않고 럭셔리 고급 풀장에서 나고 있습니다.

물론, 출신 환경의 영향이 크다는 얘기는 그리 새로운 것은 아닙니다. 그런데 그동안 출신 환경의 불평등을 바로잡는 역할을 해 온 것은 '교육'이었습니다. 교육이 개인의 기회를 늘리고 계층 상승의 가능성을 높였던 것이지요. 문제는 교육이 점점 그런 역할을 못하고 있다는 겁니다. 그뿐만 아니라 오히려 정반대로 출신 환경의 불평등을 강화하는 역할을 하고 있습니다.

모든 학생에게 골고루 돌아가는 게 아니라 부모가 경제적 능력이 있는 가정의 학생에게 극도로 편중되어 분배됩니다. 예를 들면 특수 목적고나 자립형 사립고는 일반고보다 몇 배나 비싼 수업료를 내야 하는데, 일단 이를 감당할 수 있는 학생들은 뛰어난 교사로부터 수준 높은 수업을 받고 고급 체험 활동을 합니다. 사교육도 교육 자원의 불평등한 분배에 한몫하죠. 최상위 소득층 가구는 최하위 소득층 가구보다 거의 아홉 배나 많은 사교육비를 씁니다(2016년). 고소득층 가정의 학생들은 부모의 인적 네트워크 덕분에 입시와 관련된 고급 정보도 더 많이, 자주, 빨리 얻습니다. 덕분에 이 학생들은 가지고 있는 능력을 최대한 효율적으로 계발하고, 명문대에 갈 가능성이 점점 커집니다.

옛날에 중요한 서신을 전하는 전령은 자기가 탄 말 외에 한두 마리를 더 끌고 달렸는데, 탄 말이 지치면 다른 말로 갈아타기 위해서였습니다. 학력 경쟁은 장거리 경주를 달리는데 갈아탈 말이 여러 마리인 선수가 한 마리밖에 없는 선수와 경쟁하는 것과 비슷합니다. 부모의 경제적 지원이 넉넉하다면 말을 여러 마리 끌고 가는 것이죠. 실제로 서울대 합격자 가운데 특목고, 자사고, 강남 3구 일반고 출신 합격자의 비율은 계속 늘어나 이미 절반에 다다랐습니다. 명문대를 졸업한 이들은 대기업, 공기업에 들어가거나 전문직이 될 가능성이 높습니다. 이들이 부모가 되면 자신이 받은 것처럼 재산과 정보를 자기 자녀의 학업에 전폭적으로 지원하겠지요.

또한 이처럼 교육이 가정의 경제적 배경 차이를 중립화하기는커녕 그 차이에 따른 교육 자원의 불평등 분배를 허용하고, 교육 내부의 자원 불평등은 교육 과정을 마친 후 사람들이 얻게 되는 지위와 소득의 불평등으로 그대로 이어집니다. 교육이 불평등의 악순환을 부추기고 불평등의 고착화를 돕고 있습니다.

다행히 요새는 상대적으로 저렴한 양질의 교육 콘텐츠가 인터넷에 많습니다. '인강'만 잘 찾아 공부해도 사교육에 덜 의존하고 효과를 낼 수 있는 것이 사실입니다. 하지만 공부하려면 좋은 교육 콘텐츠만 필요한 게 아니라 공부에 집중할 수 있는 시간과 환경도 필요합니다. 부유한 부모를 가진 사람들은 공부에 집중할 수 있는 여건을 확보하기가 쉽지만, 그렇지 못한 이들은 시간을 쪼개 생계 노동을 병행해야 합니다. 실제로 공무원 시험 합격자 중 약 70%는 가족 등

의 지원을 받았다고 합니다.

재능을 타고나더라도 그 재능이 누군가에 의해 발견되어야 하고 체계적인 교육과 훈련을 받아야 그것을 더 높은 수준으로 발전시킬 수 있습니다. 하지만 누구나 그 비용을 감당할 수 있는 것도 아니고 누구나 그런 기회를 가질 수도 없습니다. 오늘날의 상황은 '부모 세대로부터 물려받은, 서로 다른 출발선에서 출발하는 달리기 시합'이라고 할 수 있습니다. 100미터 달리기를 하는데, 똑같은 출발선에서 출발하는 게 아니라 누구는 출발선의 50미터 뒤에서, 누구는 출발선의 50미터 앞에서 출발하는 셈입니다.

사회 구조의 변화는
/
개인의 능력
/
밖

페치는 미국 라스베이거스의 브다라 호텔에서 룸서비스 업무를 하고 있다. 객실 손님에게 커피와 음식을 배달하고 샴푸 같은 비품을 갖다준다. 팁시는 조금 떨어진 플래닛 할리우드 카지노에서 바텐더로 일한 지 2년쯤 됐다. 1분에 한 잔씩 1시간에 칵테일 60잔을 거뜬히 만들 만큼 숙련됐다. 아이비는 시저스 팰리스 호텔의 접객 안내원인데 4000개 객실을 커버하고 있다. 체크인 고객에게 환영인사를 전하고 식당 예약부터 관광 안내까지 다양한 요구를 그때그때 해결해준다.

이 셋은 모두 로봇이다. 페치는 '스타워즈'의 꼬마로봇[R2D2]처럼 키가 1m쯤 되고 머리 부분에 컨테이너가 있다. 1층 카페의 바리스타가 손님이 원하는 커피를 컨테이너에 넣어주면 알아서 객실로 찾아가 벨을 누른다. 자율주행과 엘리베이터 원격

조작 기능을 가졌다. 거대한 팔처럼 생긴 팁시는 관절이 여럿 있어서 음료를 흔들어 섞는 동작에 최적화됐다. 완성된 칵테일에 라임을 한 조각 썰어 올릴 줄도 안다. 아이비가 4000개 객실 투숙객을 혼자 응대하는 건 인공지능이기에 가능한 일이다. 손님의 스마트폰을 통해 문자로 대화하며 서비스를 제공하고 있다.

_ 태원준, 「로봇에 맞선 인간의 파업」, 국민일보, 2019. 1. 25.

로봇이 인간을 대신하는 영역이 늘고 있죠. 제조업에서는 이미 인간 노동자가 한 사람도 없는 '스마트 공장'이 등장했고, 물류·수송업과 서비스업까지 자동화가 확산되는 중입니다. 아마존Amazom이 만든 무인 마트인 '아마존 고'에서 소비자는 상품을 집어 들고 나오기만 하면 됩니다. 소비자의 휴대폰과 상품이 사물 인터넷으로 연결되어 결제가 되기 때문이죠. 계산대도, 계산하는 직원도 없습니다. 이 정도는 아니어도 외식 매장에서 키오스크(무인 주문·결제기) 사용은 이제 익숙합니다. 무인 편의점도 여기저기 눈에 띕니다.

자동화는 우리에게 편리함을 주기도 하지만, 거기서 일하는 노동자들의 일자리를 위협합니다. 일자리가 사라지면 자영업 시장으로 들어오는 사람이 늘고, 자영업은 또 포화 상태가 됩니다. 자영업자들끼리의 경쟁 때문에 임대료는 오르고 확보할 수 있는 고객은 줄어 많은 점포들이 문을 닫습니다. 점포들이 문을 닫으면 거기 고용된 저임금 노동자들이 직장을 잃고 더 열악한 조건의 일이라도 구하

기 위해 경쟁해야 합니다. 이 가운데 살아남는 기업은 주로 대기업과 프랜차이즈 본사입니다. 자본이 많을수록 경쟁에서 오래 버틸 수 있으니까요. 이처럼 자동화나 산업 구조 변화는 개인의 능력 밖의 문제, 즉 비능력적 요인입니다. 개인은 이런 변화를 정확히 예측하기도 어렵고 대처하기도 무척 어렵습니다.

"생산성을 높여서 경쟁에서 살아남는 것도 능력이다."라고요? 안타깝게도 진실은 반대입니다. 노동자는 생산성이 올라갈수록 처지가 나빠집니다. 말이 안 된다고요? 생산성이 높다는 건 일을 분업화해 전체 일을 여러 개의 단순 반복 작업으로 나누어 일한다는 뜻인데, 이럴수록 기계가 사람을 대신하기 쉬워집니다. 육체노동이든 사무 노동이든 상관없이 말입니다.

가령 어느 햄버거 가게에 직원이 세 사람 있는데 주문 받기, 햄버거 만들기, 식탁 정리 등의 업무를 나누지 않고 한다고 합시다. 각자 주문도 받고 햄버거도 만들다가 홀에 가서 식탁 정리도 하는 것이죠. 그것보다는 한 사람은 주문만 받고, 한 사람은 햄버거만 만들고, 한 사람은 홀 정리를 하는 게 훨씬 효율적이겠죠? 전체 매출도, 각 노동자의 생산성도 올라갑니다.

그런데 이렇게 분업화를 해 놓고 나면, 자동 주문 결제기를 도입해 주문받는 업무를 대체할 수 있습니다. 아직 어떤 기계도 이 세 가지 일을 동시에 잘하지 못하지만, 그 가운데 하나씩은 인간보다 잘하거나 인간이 하는 정도로는 해낼 수 있죠. 그리하여 이 햄버거 가게에서 세 사람 중 한 사람의 일자리가 사라집니다. 햄버거가 엄청

실질 임금과 실질 노동 생산성 추이(1980=100)

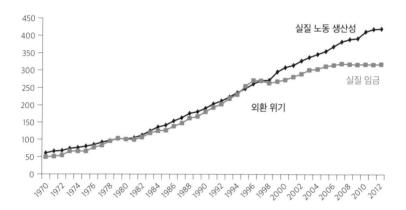

실질 노동 생산성

실질 임금

외환 위기

출처: 김유선, 「한국의 노동 2016」, 한국노동사회연구소, 2015.

잘 팔리면 그가 주문을 받는 대신 햄버거 만들기를 돕는다든지 하여 일자리를 보전하겠지만, 다른 햄버거 가게도 로봇 결제기를 도입하면서 햄버거 가격을 내린다면 어쩌나요? 인건비 부담 때문에 그 한 사람을 내보내고 둘이서 가게를 운영해야 할 겁니다.

이런 일이 산업 전반에서 벌어지고 있습니다. 앞 페이지 그래프의 별명은 '뱀 아가리'입니다. 노동 생산성과 노동자의 실질 임금이 함께 상승하다가, 1997년 외환 위기 이후로는 생산성은 꾸준히 증가하지만 실질 임금은 정체되고 있습니다. 그러면서 생산성과 임금 사이의 격차가 벌어지는 중입니다. 뱀이 아가리를 벌린 것처럼요. 우리나라만이 아니라 여러 선진국에서 비슷한 현상이 일어나고 있습니다.

기술이 발달할수록 인간 노동에 대한 수요가 줄고, 따라서 일자리도 줄어듭니다. 물론 새로 생기는 일자리도 있지만 사라지는 일자리에 비해 턱없이 부족합니다. 그동안 경제를 이끌어 온 자동차, 조선, 전자, 화학, 대형 유통업 등은 인력을 많이 고용하는 산업이었습니다. 이러한 산업들이 조금씩 기울면서 대신 디지털 정보 산업이 떠오르고 있습니다. 이 산업을 주도하는 구글, 아마존, 카카오 같은 기업들을 '플랫폼 기업'이라고 부릅니다. 플랫폼 기업들은 사업 규모는 엄청나게 크지만 자산 가치가 비슷한 기존의 기업들에 비해 매우 적은 인력만 고용합니다.

플랫폼 기업이 뭐냐고요? 여러분에게 익숙한 각종 음식 배달

앱 회사들도 플랫폼 기업입니다. 플랫폼 기업은 인터넷 네트워크로 사용자들을 모은 다음 서비스 공급자와 수요자를 이어 주는 일을 하는 기업입니다. 공급자와 소비자를 이어 주면서 수수료를 받거나, 기업의 광고를 소비자에게 전달하고 기업으로부터 광고료를 받습니다. 음식 배달 앱 회사들은 음식점, 배달업자, 소비자를 연결해 주고 수수료를 가져가지요. 배달 앱 주문이 늘면서 같이 늘어난 '배달 라이더'들이 새롭게 만들어지는 일자리가 아니냐고요? 그러나 배달 라이더들은 과거에 음식점마다 있던 배달원이 플랫폼 시장에서 독립된 사업자로 활동하는 것이지 일자리가 양적으로 늘어났다고 할 수 없습니다. 조선소나 자동차 공장이 생겨나 말 그대로 수만 개의 새로운 일자리가 생겼던 1970~1980년대와는 사정이 전혀 다르지요.

이처럼, 기술 혁신이나 산업 구조 변화 등 개인이 가진 능력을 넘어서는 요인들이 각자의 삶에 영향을 미칩니다. 앞에서 지적했던 차별 구조나 출신 환경의 격차가 이러한 개인 외부의 변화와 맞물리면 충격은 더 커질 수도 있지요. 비능력적 요인들이 능력적 요인을 덮어 버릴 만큼 커진 상황입니다. 이런 상황에서 '각자의 성공은 각자의 능력에서 비롯된 것이므로 불평등은 정당하다'고 말할 수 있을까요? 능력주의는 점점 정당성을 잃고 있습니다.

능력주의를

/

다시 올바르게 세우려면

능력주의를 완전히 무시할 수 없다면 그것을 올바른 기반 위에 다시 세워야 합니다. 그러려면 어떻게 해야 할까요? 다시 말해, 평등한 시민들의 공정한 기회균등을 이루려면 무엇이 필요할까요? 경쟁 과정에서 반칙과 부정이 없도록 하는 건 기본일 것입니다. 학교 시험지 유출 비리나 기업 채용에서 불법 청탁을 엄벌하고 뿌리 뽑는 일은 너무나 당연한 것이죠. 그보다 한발 더 나아가면, 두 단계가 있습니다. '약한 의미의 능력주의'와 '강한 의미의 능력주의'로 부르겠습니다.

약한 의미의 능력주의 또는 '약한 능력주의'는 능력 발휘 및 평가 과정에서 차별을 제거하는 것입니다. 성, 인종, 외모, 피부색, 학벌, 장애, 출신 지역 등 각자 타고난 특성으로 삶의 기회가 제약되는 일이 없도록 만들어야 합니다. 차별을 막으려면 사람들의 인식도 바뀌어야 하지만, 적절한 제도가 필요합니다.

최근 공기업에서 도입한 '블라인드 채용'은 그러한 제도의 하나입니다. 블라인드 채용은 취업 지원할 때 출신, 성별, 학력 등을 나타내는 정보를 아예 쓰지 못하게 하고 지원자의 적성과 역량에 관련된 객관 지표만 드러내는 것을 말합니다. 블라인드 채용을 하면 면접관은 지원자가 남자인지 여자인지, 면접관과 같은 고향 출신인지, 면접관이 선호하는 대학을 졸업했는지 등을 알 수 없지요. 대신 그 지원자의 역량과 잠재성만 보아야 해서, 능력을 보다 공정하게 평가할 수 있습니다.

더 적극적인 제도로는 '차별금지법'이 있습니다. 차별금지법은 공적 영역뿐만 아니라 사적 영역에서도 차별을 규제하는 법입니다. 차별금지법은 "성별, 성 정체성, 장애(신체 조건), 병력, 외모, 나이, 출신 국가, 출신 민족, 인종, 피부색, 언어, 출신 지역, 혼인 여부, 성지향성, 임신 또는 출산, 가족 형태 및 가족 상황, 종교, 사상 또는 정치적 의견, 범죄 전력, 보호 처분, 학력, 사회적 신분 등을 이유로 한 정치적·경제적·사회적·문화적 생활의 모든 영역에 있어서 합리적인 이유 없는 차별을 금지하는 법률(위키피디아)."입니다. 우리나라에는 차별금지법이 아직 제정되지 않았으나 여러 선진국에는 비슷한 법이 존재합니다. 이 법의 필요성에 대해 법학자 홍성수 교수는 이렇게 말합니다.

차별금지법의 핵심 목표는 고용, 서비스, 교육 영역에서 차별을 금지하는 것이다. 이들 영역은 대부분 사적 영역이라 '사적

자치'가 원칙이다. 하지만 차별할 자유까지 허용되는 것은 아니다. 어떤 음식점에서 사장의 개인적 신념이라며 "동성애자 출입금지" 팻말을 걸어놓는다. 어떤 사립학교는 건학 이념이라며 이슬람교도의 입학을 금지하는 방침을 세웠다. 어떤 집주인은 외국인 노동자에게는 세를 주지 않겠다는 광고를 냈다. 어떤 택시는 장애인을 태우면 번거롭다며 장애인 손님은 그냥 지나쳐 버린다. 어떤 회사는 여성은 책임감이 없다며 채용시험에서 무조건 10점 감점한다. 이 모든 것이 '자유'라는 이름으로 정당화된다면, 그 사회를 모든 시민이 동등한 자격을 가지고 살아가는 공동체라고 할 수 있을까?

이러한 자유의 침해가 바로 '차별'이다. 법철학자 데버러 헬먼은 차별은 모든 사람이 도덕적으로 평등한 가치를 지닌 존재라는 도덕원칙을 침해한다고 말한다. 이뿐만이 아니다. 차별은 소수자들이 실질적으로 교육받고, 직장 다니고, 취미생활을 할 권리를 침해함으로써 사회생활에 참여할 권리를 박탈한다.

_ 홍성수, 「자유를 제한하는 차별금지법?」, 한겨레, 2018. 11. 4.

타인의 자유를 침해하지 않는 한에서만 자유가 허용되는 것이 자유주의의 대원칙이라고 합니다. "이 대원칙에 따르면 차별은 자유로 허용될 수 없다."라고 홍성수 교수는 말합니다. 그러므로 차

별은 공적 영역과 사적 영역을 막론하고 금지되어야 한다는 것이 차별금지법의 취지입니다.

그런데, 부정과 반칙을 금지하고 차별을 막더라도 출신 환경의 차이가 미치는 영향은 여전히 존재합니다. 부모의 소득 및 지위, 출신 지역의 사회 문화적 여건 등 '사회적 우연성'은 사람들의 삶을 강하게 규정합니다. '강한 의미의 능력주의' 또는 '강한 능력주의'는 이 우연적 요소들을 최대한 고르게 만들 것을 요구합니다. 이를 위해서는 튼튼한 복지 제도를 만들고 교육과 의료의 공공성을 높이는 것이 필요합니다. 이런 일을 하기 위해서는 고소득층이 더 많은 세금을 낼 필요가 있습니다. 고소득층도 진정한 의미에서 능력주의를 지지한다면 세금 납부와 복지 확대를 거부할 이유가 없습니다. 사회적 성취를 이뤘다고 하는 사람들은 보다 열악한 처지의 사람들도 능력을 충분히 발휘할 수 있는 여건을 만들 때 "나는 내 능력과 노력으로 성공했다."라고 정당하게 말할 수 있는 것이죠.

안타깝게도, 차별금지법처럼 능력주의 본연의 취지에 충실한 시도들이 '능력주의를 훼손한다'는 이상한 비난을 받고 있습니다. 대학 입시나 기업 채용에서 소외 지역·저소득층·장애인 등 사회적 약자를 배려하는 제도들도 능력주의와 어긋난다는 이유로 공격을 받곤 합니다. 이런 제도들이야말로 능력주의를 공정한 기반에 올려 두는 것인데 말이지요! 다수자로 태어나 차별당하지 않거나, 경제적으로 넉넉한 환경에서 태어난 것은 전적으로 운에 불과합니다. 그런 운을 갖지 못한 사람을 배제하고 거둔 성취에 대해 권리를 주장할 수

있을까요? 무엇이 진정한 능력주의에 어울리는 태도일까요?

　　한편, 능력주의가 이처럼 왜곡되어 버린 상황에서 능력주의를 오로지 '시험'과 동일시하는 경향도 나타납니다. 시험 성적에 따라 지위와 보상이 돌아와야 한다는 철썩 같은 믿음입니다. 이는 능력주의가 아니라 '시험주의'라고 부를 수 있습니다.(이관후, 「시험은 공정하지도 정의롭지도 않다」, 한겨레, 2018.) 시험주의는 시험 외에는 안정된 지위에 다가설 길이 막힌 청년들의 사정을 보여 주는 것이어서 더 안타깝습니다. 이 청년들은 '금수저는 금수저로, 흙수저는 흙수저로' 상속되는 현실을 너무 잘 알고 있고, 그나마 절차적 공정함을 기대할 수 있는 게 시험이라 여기고 모든 것을 걸다시피 합니다.

서로를 탓하지 말고
/
제도를 바꾸자

이 장을 시작할 때 공채 시험을 보지 않은 비정규직의 정규직화를 반대하는 입장과 정규직화를 원하는 입장 사이의 갈등을 짚었습니다. 그 문제는 어떻게 풀 수 있을까요?

한 여론 조사에서, "어렵게 취업을 준비해 정규직 입사한 사람과 그렇지 않은 비정규직은 차등 대우해야 하는가?"란 질문에 약 61%가 찬성하는 것으로 나왔습니다. 그런데 같은 사람들에게 "하는 일이 같다면 비정규직 차별을 없애고 정규직과 동일하게 대우해야 하는가?"라고 물으니 찬성이 약 80%로 나옵니다.° 사람들이 모순적인 입장을 가진 것처럼 보입니다. 하지만 저는 이 결과를 이렇게 봅니다. 사람들이 '인격의 평등'을 기본적인 원칙으로 받아들이는 가운데, 주어진 제도에서 자신의 불리함을 조금이라도 줄이고 싶은 심리가 드러난 거라고요.

사람들은 사회 현실이 불평등하다는 것을 모르지 않습니다.

한겨레, 「"노력해도 결과 보장 안되는 사회…
시험이라도 있어야"」, 2018. 2. 12.

출신 환경이 불리한 처지에서 그나마 공정한 절차인 시험을 통해 처지를 개선하려고 노력하지요. 그래서 시험에 들인 노고가 한순간에 무산되는 상황을 피하고자 합니다. 비정규직과 정규직의 동등한 대우를 반대하는 건 그런 의미일 것입니다. 한편으로 사람들은 안정된 일자리 구하기가 어렵고 자신도 언제든 비정규직이 될 수 있음을 압니다. 그래서 비정규직이 되더라도 최소한의 안정은 보장받고 싶어 합니다. 하는 일이 같다면 비정규직도 동등한 대우를 해야 한다는 입장 역시 가지고 있는 것이지요.

그러나 우리가 불안감을 근본적으로 해소하려면 제도의 취지를 자기에게 유리하게 해석할 게 아니라 잘못된 제도 환경을 바꾸어야 합니다. 능력주의 원칙으로 보더라도 "시험을 통과한 사람만 정규직이 되어야 한다."라든가 "비정규직의 정규직화는 노력해서 정규직이 된 사람에 대한 역차별이다."라는 주장에는 문제가 있기 때문입니다.

능력주의 원칙은 "어떤 지위나 직무는 능력을 갖춘 사람에게 돌아가야 한다."라는 생각을 지지합니다. 이를 '직무 적합성'이라고 부릅시다. 그런데 그 직무를 이미 하고 있다는 건 그만한 능력이 있다는 말이 됩니다. 많은 비정규직 노동자들은 이미 정규직과 동일하거나 유사한 직무를 하고 있습니다. 직무 적합성을 증명한 것이지요.

만약 어떤 지위에 요구되는 일을 하지 못하는 사람이 단지 하는 척하는 거라면 그 일을 못하게 하는 게 맞겠지요. 예를 들어 의사 자격이 없는 사람이 의사 흉내를 낸다면 금지해야 합니다. 하지만 앞

에서도 언급했듯이 비정규직 업무들은 기업이 별다른 이유도 없이 단지 인건비를 줄이려고 정규직과 구분해 놓은 경우가 많습니다. 정규직 직원들은 자기들이 치른 시험의 의미를 강조하지만, 비정규직 직원들은 시험을 보지 않고도 그 일을 해 오고 있어 직무 적합성을 보여 주었습니다. 능력주의 관점에서는 정규직과 비정규직 노동자 모두 능력이 있다고 인정해야 합니다. 지위를 차별할 이유가 없습니다.

능력주의의 또 다른 내용은 "업무 성과가 높으면 차등 보상해야 한다."라는 것입니다. 그러한 차등 보상은 비정규직 노동자의 기본 업무 능력을 인정해 정규직화해 놓고도 충분히 할 수 있습니다. 누구든 업무 생산성이 높거나 남들이 못하는 어렵고 위험한 작업을 했다면 그 점을 승진 평가에 포함하거나 보너스 급여를 제공하면 됩니다. 공채 시험을 보고 들어온 직원에게는 더 고난도의 전문적인 업무를 맡김으로서 비정규직에서 전환된 직원보다 높은 급여를 받도록 유도할 수도 있습니다.

비정규직의 정규직화를 둘러싼 이 갈등의 근원은 잘못된 제도에 있습니다. 정규직이나 비정규직 어느 한쪽이 더 이기적이어서는 아닙니다. 회사는 공채 시험을 능력의 평가 기준으로 삼았다면 비정규직 고용은 최소한으로 하고 정규직을 더 뽑았어야 합니다. 그런데 회사는 지금껏 특별히 그래야 할 업무상 필요가 없는데도 단지 인건비를 줄이려고 비정규직 고용을 늘려 왔습니다. 그러면서 공채 시험으로 뽑는 인력은 줄어들었습니다. 이것은 공채 시험을 더 오래 더

힘들게 준비한 취업 준비생에게도 고통을 주었고, 정규직과 같은 일을 하고도 임금과 복지에서 차별받는 비정규직에게도 고통을 주었습니다. 그렇다면 정규직 노동자들이 할 일은 차별받고 있는 비정규직 노동자를 비난할 것이 아니라 제도 환경을 고치라고 기업이나 정부에 요구하는 것입니다.

능력주의 입장에서 두 가지 제안이 가능할 것 같습니다. 만약 그 업무가 일시적이지 않은 상시적 업무이고 비정규직 직원이 그 업무를 이미 하고 있다면, 그 직원의 업무 능력을 인정해 정규직으로 전환하고, 공채 시험으로 들어온 직원에겐 보다 전문적인 업무를 맡기는 것입니다. 다른 하나는, 그 업무가 한시적인 업무이고 비정규직에게 계속 맡겨야 하는 상황이라면, 그 노동자는 정규직보다 불안정한 상태를 감수하면서 그 일을 하는 것이니만큼 급여나 복지에서 정규직과 동등하거나 더 많은 대우를 해 주는 것입니다. 남보다 어려운 여건에서 일하는 것은 더 많은 능력과 노고를 요구하므로, 더 많이 보상해야 정당하겠지요. 이러면 자기 의사에 따라 비정규직 형태를 선호하는 노동자도 생길 수 있습니다. 또한 회사도 비정규직의 인건비가 높아지면 전처럼 편법적으로 비정규직 채용을 늘리지 않을 테고요.

정치학자 데이비드 밀러는 "능력주의는 평등한 시민권과 결합해야 한다."라고 말합니다. 이 말은 진정한 의미의 능력주의와, 능력주의를 내세우지만 실제론 근거 없는 이기주의를 구분하는 기준이 되어 줍니다. 능력주의는 '내가 고생했으니 세상이 내게 호응해야

한다'는 식의 믿음이 아니라, 평등한 시민들이 합의할 수 있는 공정한 분배 방식의 하나여야 합니다. 원초적 입장으로 돌아간다면 우리는 차별이나 출신 환경의 우연성 때문에 기회가 제약되는 사회를 원하지 않을 겁니다. 선택하지 않은 운 때문에 푹 파이거나 불쑥 솟은 땅을 평평하게 만들어, 고른 출발선을 모두에게 제공하는 것이 능력주의의 진정한 의미입니다.

6
한 걸음 더, 평등하고
정의로운 사회로

왜 화장실에서
/
여자들만
/
오래 기다릴까

경쟁 과정에서 반칙을 금지하고 복지 제도를 확대한다면 우리는 공정한 기회균등에 다가가게 될 것입니다. 그만하면 충분히 정의로운 사회를 이루는 것일까요? 아직 부족합니다. 왜냐하면, 그런 사회에서도 소수자는 평등한 대우를 받지 못할 수 있기 때문입니다.

소수자minorities가 뭐냐고요? 여러분이 백인 학생들 사이에 혼자 유학 온 한국인 학생이라고 상상해 보세요. 말도 안 통하고, 친구도 없고, 남들에겐 쉬운 일상적인 일처리도 너무 어렵습니다. 백인 학생들이 뒤에서 날 보고 수군거리는 것 같고, 알아들을 수는 없지만 나쁜 뜻이 분명한 말을 내게 하고 가는 사람도 있습니다.

소수자는 다수자와 대비되는 개념으로, 어떤 사회가 '일반'이나 '정상'이라고 여기는 기준에 비춰 특수하고 비정상으로 여겨져 배제, 무시, 차별 당하는 개인이나 집단입니다. 소수자는 스스로 '2등 시민'으로 대우받는다고 느끼고 실제로도 그런 대우를 받을 가능성

이 큰 사람들입니다. 남성 중심적 문화에서는 여성이, 비장애인 위주 사회에서는 장애인이 소수자가 될 수 있습니다. 소수자와 다수자의 구분은 단지 숫자의 적고 많음을 의미하지는 않습니다. 비장애인 원장이 운영하는 장애인 시설에서 장애인이 숫자로는 훨씬 많지만 원장이 무시당한다거나 차별받는다고 느낄 리는 없기 때문이죠.

사회 구성원들에게 기회 및 자원이 공평하게 주어진 것처럼 보일 때도 소수자는 여전히 차등 대우를 받을 수 있습니다. 일산 호수공원의 화장실을 예로 들어 봅시다. 일산 호수공원의 남자 화장실과 여자 화장실은 붙어 있는 구조로, 두 화장실 면적은 같았습니다. 그러다가 2015년에 공원 측에서 남자 화장실 면적의 절반을 줄이고 그만큼 여자 화장실 면적을 확장했습니다. 남자 화장실과 여자 화장실의 면적이 1:1에서 1:3으로 조정되었지요. 이는 호수공원에서 매년 열리는 꽃 박람회 때마다 여자들만 유독 화장실 앞에 길게 줄을 늘어서는 불편함을 해결하기 위한 조치였습니다. 그런데 이 조치에 대해 '역차별' 논란이 일어났습니다. 왜 남자 화장실을 줄여서 여자 화장실을 늘리느냐는 것이었죠. "남자 화장실이 작아졌단 거네.", "여자 화장실만 늘린다면 아무 말도 안 하겠으나 남자 화장실을 줄이면서 늘린다면…….".

놀이공원, 고속도로 휴게소에서 유독 여자 화장실 앞에만 긴 줄이 생깁니다. 남자 화장실과 여자 화장실이 똑같은 면적으로 주어지더라도 여자들은 남자들보다 더 불편을 겪지요. 줄이 긴 일차적인

이유는 여성이 화장실 이용에 남성보다 평균 2배 정도 시간이 걸리기 때문입니다. 신체적 차이도 있고, 개인 칸에 들어가 문을 거는 데도, 남자에 비해 복잡한 옷을 푸는 데도, 변기 시트를 닦는 데도 시간이 걸립니다. 또 여자 화장실에는 대변기만 있고 남자 화장실에는 소변기가 다수 있어, 남녀 화장실의 면적이 같아도 동일한 시간에 화장실을 사용할 수 있는 인원은 남자 화장실이 더 많습니다.

하지만 이런 차이가 여성들이 더 불편을 겪어야 할 정당한 이유라고 할 수는 없지요. 용변 시간이 짧은 게 남성들이 특별히 노력해서 얻은 보상은 아니잖아요. 남성과 여성을 평등하게 대우하려면 여성이 줄 서는 시간을 최소한 남성과 비슷하게 만들어야 합니다.

그러려면 여자 화장실 면적을 남자 화장실보다 크게 해야 하고 변기도 더 설치해야 합니다. 여성이 더 큰 화장실을 사용할 수 있어야 실질적으로 평등해지는 것이죠. 이러한 취지로 우리나라 법에는 "다중이용시설의 여자 화장실 변기 개수는 남자 화장실 소변기와 좌변기 개수의 합보다 1.5배 이상 많아야 한다."라는 내용이 있습니다. 어떤 고속도로 휴게소에서는 남자 화장실에 가변식 칸막이를 설치해, 붐빌 때는 일부 변기를 여자용으로 사용하도록 하고 있습니다. 하지만 아직도 대부분의 공중화장실에서는 여전히 여성들이 더 길게 줄 서고 더 오래 기다려야 합니다. 불평등을 개선하기에 충분하지 못한 것이죠.

소수자를 위한

/

적극적 평등주의

젠더, 장애, 인종, 종교, 문화 측면에서 다수자에 비해 소수자는 분배 구조에서 열악한 위치에 있습니다. 이것은 그들이 소수자로서 갖고 있는 어떤 특성 때문이 아니라 그 사회의 분배 구조가 다수자 중심으로 되어 있기 때문입니다.

앞에서도 이야기했던 〈여우와 두루미〉 우화를 보면, 두루미가 여우를 식사에 초청하지만 두루미가 내어놓은 목 긴 호리병 속 음식을 여우는 먹을 수 없지요. 사회가 두루미에 맞춰져 있으면 여우는 항상 불이익을 당하게 되는데, 이것은 여우의 입이 이상하게 생겨서가 아니지요. 그처럼 여자들이 화장실에서 불편을 겪는 것도 여성들의 특성 때문이 아니라 화장실 기준이 남성에게 맞춰져 있는 까닭입니다. 장애인이 공공시설에서 불편함을 겪는 것도 반드시 장애 때문이 아니라, 공공시설이 비장애인의 신체를 기준으로 설계되어 있기 때문입니다. 남성 비장애인은 적어도 화장실 이용이나 공공시설 이

용에서는 여성, 장애인에 비해 특권을 누리고 있습니다.

　그러므로, 정의를 위해서는 '적극적 평등주의'가 필요합니다. 적극적 평등주의는 소수자의 자유와 기회를 특별히 더 보호하고 자원을 더 제공하며, 필요하다면 그들의 출발선을 앞으로 조금 당김으로써 실질적인 공정성을 이루자는 것입니다. 전철에서 임산부를 위한 특별석을 마련하고, 공공건물에 지체 장애인을 위한 경사로를 설치하는 건 적극적 평등주의의 작은 사례입니다. 실제로, 국가는 적극적 평등주의를 실현하기 위해 다양한 정책을 시행합니다. 장애인에게 활동 보조 서비스를 제공한다거나 출산한 직장 여성에게 출산 휴가를 법으로 보장하는 것처럼 소수자의 특성에 따라 필요한 것을 지원합니다. 또는 대학과 기업이 합격 정원의 일정한 숫자를 소외 지역 출신, 저소득층, 장애인, 이주민 등에게 배정하는 특별 전형을 실시하도록 유도하기도 하지요.

　때로 소수자를 배려한 이런 전형이 '역차별'이라는 지적도 나옵니다. 이렇게 지적하는 사람들은 시험 점수가 자신보다 낮은 이들이 특별 전형이라며 대학에(혹은 회사에) 들어가는 건 불공정하다고 합니다.

　하지만 시험에서 높은 점수를 받은 것을 자신이 그럴 만한 여건에 놓여 있다는 '운'과 떼어 놓고 생각할 수 있을까요? 각자의 성취에 운이 작용했다면, 성취한 결과가 전적으로 자기의 능력과 노력 덕분이라고 말할 수는 없습니다. 자신에게 그 결과 전부를 독차지할 자격이 있다고 말할 수도 없고요. 그렇다면 소수자의 불리한 여건을

배려하고 보완해 주는 것은 사회가 그들을 가엾게 여겨 베푸는 자선도 아니고 예외적인 지출도 아닙니다. 그것은 다수자가 운으로 차지한 특권을 소수자와 나누어 평등을 실현하는 정의로운 분배입니다. 물론 소수자를 어느 정도로 배려해야 하느냐, 적극적으로 제공해야 할 몫은 어디까지인가 하는 문제는 남습니다. 이것은 토론하고 합의해야 할 과제입니다.

적극적 평등주의에서는 소수자에게 가해지는 혐오 표현이나 혐오 범죄에 엄격한 규제를 요구합니다. 같은 표현이라도 다수자에게는 위협이 되지 않지만 소수자에게는 위협이 될 수 있기 때문이죠. 예를 들어 우리나라에 사는 미국인이 "미국인 싫다. 한국에서 나가라."라는 인터넷 댓글을 읽을 때와, 역시 우리나라에 사는 예멘인이 "예멘인 싫다. 나가라."라는 댓글을 읽을 때를 비교해 봅시다. 미국인은 좀 불쾌해할지언정 특별한 신변의 위협을 못 느낄 겁니다. 하지만 예멘인은 다를 겁니다. 자기를 사람들이 해코지하지는 않을까 두려움을 느끼겠지요. '한남충'과 '맘충'은 둘 다 혐오 표현이라는 점에서 잘못이지만, 마찬가지로 남성과 여성이 느끼는 위험성은 다릅니다. 한남충이라 욕 듣는다고 남성들이 특별히 겁먹거나 일상생활이 위축되지 않지만, 맘충이란 욕을 들으면 여성들은 겁이 나고 공공장소에서 타인의 시선을 의식하여 위축됩니다. 자신이 타고난 정체성 때문에 자유가 위축되는 일은 불공정합니다. 소수자 혐오를 웃고 넘겨서는 안 되는 이유입니다.

소수자의 정체성을 인정해야 할 때가 있지만, 반대로 그 정체

성을 부각하는 구조가 문제가 되기도 합니다. 장애인 주차 구역을 따로 만드는 것은 전자의 경우입니다. 장애인과 비장애인이 주차 기회를 놓고 경쟁하면 장애인이 늘 불이익을 당하기 때문입니다. 그러나 저소득층을 위한 임대 아파트를 일반 아파트와 구분하여 만들면 일반 아파트와 임대 아파트 사이에 경계선이 생기고 임대 아파트 주민들이 무시되고 차별당하는 일이 발생합니다. 임대 가구와 자기 소유 가구를 나누지 말고 한 아파트 내에 다양한 크기의 집이 들어오도록 만드는 게 나을 수 있습니다. 소수자의 정체성을 특별히 배려하는 사항과 그 정체성을 구분하지 않고 보편적으로 대우해야 하는 사항을 가리는 일은 실은 매우 복잡한 문제입니다. 사회와 사람들의 인식이 변화함에 따라 늘 새롭게 합의해야 합니다.

그처럼 평등의 방식을 새로 고민해야 하는 문제 가운데 하나로, 최근에 제기되는 '모든 젠더 화장실all gender restroom'의 요구가 있습니다. 다른 말로 성 중립 화장실입니다. 성 중립 화장실이란 성 구분 없이 사용하는 화장실입니다. 화장실의 남녀 분리는 각자의 특성을 배려한 당연한 구분이라 여겼는데, 자신이 남성이나 여성 어느 정체성하고도 관련이 없다고 여기는 제3의 성 또는 트랜스젠더들은 분리된 화장실이 불편하다고 호소합니다. 어린 남자아이를 동반한 엄마나 어린 여자아이를 동반한 아빠도 성 분리된 화장실이 불편할 때가 있습니다. 자기 성을 의식하지 않고 드나드는 화장실이라면 이런 불편이 사라지죠. 성 중립 화장실은 우리에겐 낯설지만 유럽과 미국에선 확대되고 있습니다. 단순히 두 화장실을 합치기만 한 게 아니라

각자 개인 칸을 쓰고 세면대를 개인 칸 안에 설치하는 등 설계부터 '차이를 인정한 평등'을 구현하고자 합니다.

　　또한, 소수자의 권리를 보호하려면 소수자에게 지원하는 것도 중요하지만 소수자를 둘러싼 사회적 관계를 보다 평등하게 만드는 게 중요합니다. 여성에게 출산·육아 휴가 등을 제공하는 건 여성의 동등한 기회를 보장하기 위해 필요하지만, 이런 제도가 육아를 당연히 여성이 해야 할 몫으로 여기는 '성별 분업 이데올로기'를 강화하기도 합니다. 국가의 지원이 예상하지 못한 부작용을 낳는 것이지요. 그래서 북유럽 복지 국가에서는 아기가 태어나면 유급 육아 휴가를 제공하면서 휴가의 일정 기간은 아빠만 쓸 수 있도록 하고 있습니다. 아빠가 쓰지 않으면 그 가정이 쓸 수 있는 전체 육아 휴가가 그만큼 줄어듭니다. 아빠의 육아 참여를 적극적으로 유도하는 정책이지요. 북유럽 복지 국가는 이처럼 육아를 부모가 돌아가며 하기에, 남성과 여성의 임금 격차가 다른 나라보다 매우 적은 편입니다.

출발선의 평등에서
/
삶의 기회균등으로

기회의 평등이라는 능력주의의 이상은 강한 형태에서도 기만적이다.

미국의 정치철학자 로널드 드워킨은 이렇게 비판합니다. 기회균등은 가장 공정할 때에도 출발선의 평등만을 강조하는 경향이 있기 때문입니다.

기회균등에 대해 이야기하다 보면, 우리의 삶이 마치 경쟁을 위해 존재하는 것처럼 여겨지기도 합니다. 출발선의 평등이 자꾸 강조되면, 사회가 내게 "이렇게 공정한 경쟁을 위한 조건을 마련해 줬으니, 한번 죽기 살기로 뛰어 봐!"라고 하는 느낌입니다. 그러나 우리는 삶이 시작된 그 순간부터 평생 경쟁 상태에 들어가야 하는 존재가 아닙니다. 경쟁에 뛰어들고 경쟁으로부터 무언가를 성취해 내는 것이 삶의 목적처럼 되는 것은 이상합니다. 인간은 경쟁에서 이기든 지

든 그 자체로 가치 있고 존엄한 존재입니다.

　사회적으로 선망받는 지위나 직업을 성취하는 경쟁은 말할 것도 없이 공정하게 치러져야 하지만, 기회균등을 그 경쟁을 위해 출발선을 고르게 만드는 일로만 여겨져서는 안 됩니다. 균등한 기회는 '삶의 모든 구간에 걸쳐' 누릴 수 있어야 합니다.

　이처럼 기회균등을 출발선의 기회균등에서 '삶의 기회균등'으로 확대하는 것, 이는 북유럽 복지 국가들의 철학이기도 합니다. 스웨덴을 복지 국가로 만드는 데 큰 역할을 한 스웨덴 사회민주당은 '일생을 통한 기회균등' 보장을 목표로 한다고 합니다. 정부의 정책이 최초의 기회균등에만 머물러서는 안 된다는 것이지요.(박호성, 『평등론』, 창비, 1999.) 또한 스웨덴 사회민주당은 강령에서 "모든 시민은 자신의 미래를 꾸려 갈 평등한 선택의 자유를 가져야 한다."라고 강조합니다. 자유를 위해선 우선 평등해야 한다는 거죠.

　현재도 스웨덴에서 가장 강력한 정당인 사회민주당은 20세기 중반에 장기 집권하면서 여러 중요한 평등 정책을 주도했습니다. 그 정책들은 다음과 같이 요약됩니다.

　첫째, 적극적 노동 시장 정책으로 실업자에 대한 직업 훈련을 강화하고 '동일 노동에는 동일 임금'을 주는 제도를 수립해 저임금 노동자의 임금 수준을 크게 높였습니다. 둘째, 소득이 많을수록 비율이 점점 높아지는 누진적인 조세 정책으로 고소득자는 소득의 절반 이상을 세금으로 내게 하고 이를 복지 제도 확충의 재원으로 사용했

습니다. 셋째, 공교육을 확대하고 질을 높였으며, 경쟁보다 협동 능력을 키우는 방향으로 교육 내용을 구성했습니다. 또한 평생 교육의 여건을 갖추어, 취업 후에도 다시 교육을 이수해 더 나은 직장으로 옮겨가기 쉽게 했습니다. 넷째, 주거 환경을 개선하고 주택 비용을 평준화해 노동자들이 자기 집을 쉽게 구하게 했으며, 지역 공동체의 주택 정책에 시민이 참여할 권리를 보장했습니다. 다섯째, 남녀평등을 위한 다양하고 적극적인 조치를 취하였습니다. 그 결과, 한국은 주요 기업의 여성 임원 비율이 2.7%인데 비해(2017년) 스웨덴은 35.9%에 이릅니다. 또한 스웨덴은 전통적인 결혼 이외에도 다양한 동거 방식을 법률로 인정하여 보호하고 있습니다. 여섯째, 스웨덴의 사회 보장 제도는 영국과 미국의 사회 보장 제도가 주로 빈곤 구제 수준에 머무르는 것과 달리, '사회 번영의 열매는 능동적으로 재분배되어야 한다'는 취지를 강조하여 단지 안전망의 확보에 머물지 않고 빈곤의 골짜기를 없애고자 했습니다.(앞의 책)

정도의 차이는 있지만, 스웨덴 사회민주당처럼 유럽 각국의 사회 민주주의 정당들도 '삶의 기회균등'을 강조하며 이것으로 능력주의가 낳는 폐해를 바로잡으려고 합니다. 능력주의는 인간을 기본적으로 경쟁에서 자신의 의미를 찾는 존재로 보고, 경쟁을 중심으로 공정성을 이해하기에 출발선의 기회균등을 강조합니다. 하지만 인간이 과연 경쟁에서 자기 의미를 찾는 존재일까요? 인간은 서로 연대하고 협력하는 데서 삶의 의미를 찾는 존재이기도 합니다. 능력주의는 인간이 경쟁이 아닌 사회적 관계 속에서 자기를 실현하고 삶의

충족감을 얻을 수 있다는 걸 무시합니다. 북유럽의 복지 국가에서 단지 사회의 빈곤 해결을 목표로 내걸지 않고 '상호 호혜적이고 연대적인 사회'를 중요한 지향으로 삼는 이유가 여기에 있습니다. 핀란드에서 성적 경쟁보다 평등과 협력을 교육의 중심 가치로 두는 것도 마찬가지이고요.

출발선의 기회균등을 중시하더라도, '삶의 기회균등'이 그 전제 조건이 됩니다. 삶의 기회균등은 경쟁의 승자를 뽑는 것보다 사회적 약자가 평등하게 존중받는 데 더 관심을 두는 가치입니다. 이러한 관점에서 시민들을 위해 보건 위생 정책이나 공교육 정책 등이 모두 필요하나, 특히 사회의 주요 문제를 함께 논의할 '공동 결정권'이 중요합니다.

사회 불평등의 원인을 찾다 보면, 권한이나 자원을 누군가에게 유리하게 배치하고 누군가에게 불리하게 배치하는 위계질서가 그 중심에 있음을 알게 됩니다. 이 위계질서에서 소외된 사람들은 자신에게 불이익을 주는 결정을 그저 감내해야 하고 이로써 더 불리한 처지에 놓이게 되죠. 이를테면 회사의 경영에 관한 결정을 오로지 경영자와 주주들만 하게 되면, 그들은 자기네 이익 개선을 위해 노동자를 해고하거나 작업장 안전 설비 투자를 줄이는 결정을 할 수 있습니다. 이런 결정으로 노동자들은 일자리를 잃거나 산업 재해를 입을 가능성이 커지는데도 말이지요. 당장 청소년 여러분들도 투표권이 없어서 여러분의 삶에 중요한 영향을 미치는 교육 정책의 결정에 개입하지 못하고 있지요.

따라서 경제, 사회, 국가 전반에서 공동 결정권의 확대가 삶의 기회균등을 위한 중요한 수단이 됩니다. 평등은 단지 분배에 관한 요구만이 아니라 '같이 참여하여 같이 결정할 권리'로 확장됩니다. 이는 '참여의 평등'이라고 할 수 있습니다. 참여 결정의 평등권을 위해 산업 현장에서는 노사 공동 결정 제도를 도입하고, 정치 사안에 대해서는 수시로 온라인 투표를 실시하며, 지역 공동체에서 주민 심의 제도를 활성화하는 등의 노력이 필요할 겁니다. 선거권 연령을 만 18세로 낮춰 청소년의 정치 참여를 확대하는 일, 심의 민주주의를 통해 참여 결정의 질을 높이는 것도 중요합니다.

참여 결정을 보장하는 사회일수록 사회적 갈등을 잘 관리합니다. 1930년대 대공황기에 스웨덴도 노사 갈등이 극심했는데, 노사가 극적으로 살트셰바덴 협약[1938]을 맺고 나서 갈등을 피하려면 서로 자주 대화해야 한다는 것을 알았습니다. 1946년부터 1968년까지 무려 23년간 사회민주당 출신 총리로 재직한 타게 엘란데르는 격주 목요일마다 재무 장관 주재하에 직군별 노사 대표를 불러 함께 저녁을 먹었습니다. '목요클럽'이라 불린 이 저녁 식사 모임을 통해 노사가 마주한 많은 현안들이 극한 상황에 치닫기 전에 해결되었습니다.

이와 같은 대화의 전통은 지금도 이어져, 스웨덴 노사는 자주 얼굴을 맞대고 이야기를 나누는 걸 의무로 여기고 있습니다. 2013년, 스웨덴 재무 장관 안데르스 보리에게 한 기자가 스웨덴에서는 어떻게 파업으로 인한 경제 손실이 그토록 적은지, 스웨덴 노사 관계의 비결은 무엇인지 묻자 장관은 이렇게 답변했습니다. "지난 일 년 반

동안 노사정(노동자, 사용자, 정부)이 350번 만났습니다."(오한아, 「스웨덴 노사정 대타협을 돌아보다」, 슬로우뉴스, 2015. 2. 9.)

　기회균등은 출발선만이 아니라 삶 전체로 확대되어야 하며 다양한 결정 과정에 평등하게 참여할 수 있는 권리와도 결합되어야 합니다. 그럴 때 우리는 부의 차등적인 분배도 정당한 것으로 받아들일 수 있습니다.

　그런데, 과연 차등 분배는 피할 수 없는 것이고 단지 그것이 공정한지만 따져야 하는 것일까요? 평등한 시민들은 분배에서 '똑같은 몫'을 요구하면 정말 안 되는 것일까요? 평등한 시민들은 출발선에서나 살아가는 과정에서 '기회'를 균등하게 얻는 것에만 관심을 가져야 하고 부를 똑같이 나누는 일, 곧 '결과의 평등'에 관심을 가지면 안 되나요? '동등한 분배'를 요구할 권리는 정말 없을까요?

사회의 공동 유산에 대한

/

평등한 몫을

/

요구하자

미국 알래스카주 주민들은 해마다 10월 둘째 주를 손꼽아 기다립니다. 왜냐고요? 어른부터 아이까지 모든 주민들이 이때 알래스카 주민 배당금을 받기 때문입니다. 2018년에 1인당 배당금은 1,600달러(약 180만 원)였습니다. 배당금이 발표되는 날은 주민들의 축제일이지요.

알래스카 주민 배당금은 1982년부터 지급되기 시작했습니다. 정식 명칭은 '영구기금배당Permanent Fund Dividend'입니다. 주 정부는 알래스카 노스슬로프 유전의 석유 채굴권을 기업에 임대하고 그 임대료로 영구기금배당을 조성했습니다. 이 기금을 다양한 곳에 투자해 얻은 수익을 주 정부는 해마다 주민에게 배분합니다. 그 결과, 알래스카주는 현재 미국에서 대표적으로 빈부 차이가 작은 주로 꼽힙니다.

흥미로운 것은 이 배당금에 대한 사람들의 인식입니다. 국내

언론사 기자가 알래스카에 가서, 왜 이 돈을 주는 거냐고 주민들에게 묻자 한 꼬마가 씩씩하게 답했습니다.

알래스카의 땅과 땅 밑의 것은 주민 모두의 것이니까요!

마이클 던리비 알래스카 주지사는 주민 배당에 대해 "우리 모두가 자연의 부에 관한 몫이 있다는 뜻."이라고 말합니다. 알래스카 사람들은 알래스카의 천연자원은 특정 개인이나 기업의 것이 아니라 '사회의 공동 자산'이며, 따라서 사회 구성원 모두 거기에 대한 권리가 있다고 생각합니다. 알래스카 주민 배당의 사례는 분배 정의에 대해 우리가 가진 인식을 크게 넓혀 줍니다.

인간은 토지, 천연자원, 물과 햇빛 등이 없으면 살 수 없습니다. 그런데 이 모두는 한두 개인이 만들어 낸 것이 아니라 자연으로부터 인간에게 그냥 주어진 것입니다. 즉 자연이 준 '선물'입니다. 또한 인간은 앞선 세대가 집단적으로 이뤄 낸 지식, 언어, 문화의 바탕 위에서 살아가며 새로 무언가를 만듭니다. 이런 사회적 지식들도 앞선 세대로부터 현재 세대인 우리에게 주어진 선물입니다. 이러한 것들이 모두 사회의 공동 자산입니다.

그 누구도 사회의 공동 자산을 이용하지 않고 허공에서 새로운 것을 만들어 낼 수 없습니다. 사회의 모든 부는 예외 없이 공동 자산이거나 공동 자산에서 나온 산물입니다. 사회의 공동 자산은 사회 구성원 모두의 것입니다. 따라서 공동 자산에서 나온 수익에 대해 사

회 구성원들은 몫을 요구할 권리가 있습니다. 새로운 수익을 발생시킨 사람의 기여를 따로 보상하더라도 말이지요. 사회 구성원들이 요구하는 이 몫은 재능, 업적, 노고의 대가로 요구하는 게 아닙니다. 공동 유산의 상속자로서 하는 요구입니다.

이런 생각을 정치적 주장으로 펼친 최초의 사상가는 토마스 페인입니다. 토마스 페인은 미국 독립 혁명에 관여하여 『상식Common Sense』이란 소책자를 써 독립의 정당성을 전파한 사람입니다. 그는 1796년에 『토지의 정의』란 책을 썼는데, 여기서 그는 "경작되지 않은 자연 상태의 대지는 인류의 공동 재산이었다."라며, "개인이 소유할 수 있는 몫은 그 토지에 대해 자기가 개량한 만큼의 가치다."라고 주장했습니다. 그러면서 페인은 토지 소유자는 토지의 기초 지대(임대료)를 공동체에 빚지고 있다고 합니다. 따라서 국가가 토지 소유자들에게 지대를 받아 그걸로 기금을 조성하여, 21세가 된 모든 이에게 15파운드씩 주고 50세가 넘으면 매년 10파운드씩 주자고 제안했습니다. 15파운드는 당시 농업 노동자 한 해 수익의 절반쯤 되는 액수였지요.

페인은 토지의 사유화로 대다수 인민은 본래의 상속권을 잃어버렸으니, 이를 지대의 배당 형태로 돌려주자고 한 것입니다. 페인은 한 주교가 하느님이 부자와 빈자를 만드셨다고 설교하는 걸 보고 반박하여 이렇게 썼습니다. "하느님이 부자와 빈자를 만드셨다는 말은 잘못된 것이다. 하느님은 오로지 인간을 만드시고, 이 대지를 그들의 유산으로 주셨다."

오늘날, 사회의 공동 자산인 토지, 각종 자원, 자원의 이용권이 점점 소수에게 집중되고 있습니다. 페인도 성토한 바 있는 토지 사유화는 심각합니다. 1965년부터 2015년까지 50년간 우리나라에서 땅값이 6,700조 원 상승했는데, 상승한 가치의 46%를 상위 1%가 가져갔습니다. 상위 10%가 가져간 가치는 전체의 84%나 됩니다. 국민 69%는 토지를 한 뼘도 소유하고 있지 않아 토지 가치의 상승에 따른 이익 역시 한 푼도 얻지 못했습니다.°

부동산 주인들이 가져가는 임대료와 개발 이익은 자산 소유에서 소외된 대다수 국민들이 땀 흘려 일해 번 돈입니다. 일하지 않는 사람이 일하는 사람에게 돌아가야 할 몫을 차지하고 있습니다. 매년 GDP의 30%가 토지 임대 소득으로 흘러들어 간다는 분석도 있습니다. 편의점의 청소년 알바와 그 알바보다 더 일하는 편의점 점주가 시급 백 원 올리는 문제로 얼굴 붉힐 때, 편의점이 있는 건물의 주인은 앉아서 매달 수백만 원의 임대료를 받고 있는 것이죠.

최근에 사회적 부의 원천으로 주목받는 건 '데이터'입니다. '디지털 시대의 원유'로 평가받기도 합니다. 데이터는 사진이나 글 등 직접 만든 콘텐츠, 검색하고 구매하고 이동할 때 남기는 기록, 사용자의 고유한 개인 정보 등을 모두 일컫습니다. 정보 통신 기술이 발전하면서 이 데이터가 인터넷에 기하급수적으로 쌓입니다. 구글이나 카카오 같은 디지털 플랫폼 기업들은 인터넷 사용자들이 생산한 이 막대한 데이터를 모아 여러 가지 방식으로 수익을 냅니다. 데

경향신문, 「상위 1%가 땅값 '50년 상승분'의 38% 챙겼다」, 2017. 3. 30.

이터라는 사회 공동 자산을 이용해 돈을 버는 겁니다.

넷플릭스는 신작 드라마 〈블랙미러: 밴더스내치〉에서, 시청자가 원하는 대로 결말을 정할 수 있게 했습니다. 새로운 방식의 콘텐츠 소비 시장이 열린 것인데, 시청자들이 많이 참여할수록 넷플릭스는 시청자가 어떤 콘텐츠를 선호하는지 상세한 데이터를 확보할 수 있습니다. 수백만 명의 데이터가 취합되면서 넷플릭스는 시청자의 입맛에 맞는 드라마를 더 많이 제작할 수 있고 더 큰 수익을 벌어들일 것입니다. 아마존의 무인 마트 아마존 고는 고객들이 어떤 물건을 집어 드는지, 집어 들었다 놓으며 망설이는지 등 모든 정보를 수집해 고객의 선호를 세세하게 파악합니다. 이렇게 확보한 데이터로 아마존은 고객에게 맞춤형 광고를 제공하여 매출을 올립니다.

또한 디지털 기업들은 인공 지능을 개발해 수익을 올리고 있는데, 인공 지능의 발전에도 데이터가 필요합니다. 몇 년 전까지 인공 지능은 푸들과 치킨의 사진을 구별하지 못했습니다. 두 살 아이도 한두 번만 보면 바로 구분할 수 있는 문제가 인공 지능에겐 어려웠던 겁니다. 그러나 하루에 수억 장씩 인터넷에 올라오는 사진으로 학습시킨 결과 지금의 인공 지능은 식별 능력이 어마어마하게 발전했습니다. 2018년에 중국 경찰은 인공 지능에 기반을 둔 안면 인식 기술로 5만 명이 넘게 모인 콘서트장에 있던 지명 수배 범죄자의 얼굴을 정확히 찾아내 검거하기도 했습니다.

시민들이 만들어 낸 데이터는 집약되고 가공되어 이처럼 기업의 수익 극대화로 이어지는데, 시민들은 그 수익의 배분에서 철저

히 소외되어 있습니다. 데이터를 제공한 시청자들은 단지 재미있는 드라마를 보거나 원하는 상품을 쇼핑하는 것으로 만족해야 할까요? 데이터를 가지고 편리한 서비스를 만들어 내는 기여에 대해서는 기업의 이익을 보장해 주어야 하겠지만, 데이터를 생산한 우리들이 데이터를 이용해 창출한 수익에서 완전히 배제되어 있는 건 불공정하지 않을까요? 데이터라는 공동 자산 형성에 참여한 우리도 수익 분배를 요구할 권리가 있습니다. 실제로 미국에서는 데이터로 발생한 수익을 분배하는 '데이터 배당^data dividend'에 대한 논의가 진행되고 있습니다.○

KISO 기획팀, 「데이터 배당(Data dividend) 도입 추진 배경과 전망」, KISO저널 제35호, 2019. 6. 25.

기본 소득과 결합한

/

민주적 평등 사회로

'기본 소득'이라고 들어보셨나요?

게임을 하다 보면 접속만 해도 무료 코인이나 무료 이모티콘을 받을 때가 있지요? 그것처럼 기본 소득은 현금을 아무런 조건 없이 시민 개개인에게 나눠 주는 것입니다. 가족 중 아버지나 어머니한테만 주는 것이 아니라 아이들과 청소년들에게 모두 지급합니다. 이 돈을 받는 대가로 일을 해야 한다거나 사회가 지정한 의무를 이행해야 하는 것도 아닙니다. 한 번 주고 끝나는 게 아니라, 일생동안 다달이 또는 분기별로 줍니다. 기본 소득의 액수는 기초적인 생활 수준을 보장하는 것을 목표로 합니다. 꿈같은 이야기라고요?

바로 앞에서 알래스카 주민 배당금을 보았지요? 알래스카 주민 배당금은 낮은 수준의 기본 소득이라 할 수 있지요. 인도, 나미비아, 캐나다, 핀란드에서는 최근에 일정한 지역에 또는 일부 국민에게 조건 없는 기본 소득을 지급하는 실험을 실시했습니다. 인도에서는

©기본소득지구네트워크

기본 소득 실험에 참여한 인도 주민들.

한 마을 전체에 기본 소득을 지급했더니 농민들의 삶이 크게 개선되고 여자아이들의 학업 중도 탈락이 줄어들었습니다. 핀란드에서는 기본 소득을 받은 사람들이 건강 상태가 좋아지고 미래에 대한 자신감이 높아졌다는 결과가 나왔습니다. 지금 여러 나라의 정부, 정치인, 시민운동가들이 기본 소득 도입에 관심을 가지고 있습니다. 기본 소득이 빈곤과 불평등을 줄이는 방안이 될 거라고 보기 때문입니다. 페이스북을 만든 마크 저커버그, 전기 자동차 회사 테슬라의 최고 경영자 일론 머스크 같은 혁신 기업가들도 기본 소득을 지지한다고 밝혔지요. 로봇과 인공 지능이 일자리를 대체하면 사람들에게 기본 소득이 있어야 생활과 소비를 할 수 있기 때문입니다.

그런데 기본 소득은 단지 일자리가 사라질 테니 생계의 안정을 돕기 위해 주는 보조금 이상입니다. 기본 소득은 사회의 공동 자산에서 생겨난 이익을 사회 구성원들이 나누자는 것으로, 사회 구성원들의 '권리'입니다. 따라서 기본 소득은 가난하든 부자든, 어른이든 아이든, 장애인이든 비장애인이든, 일을 하든 안 하든(또는 일할 여건이 안돼 못하든) 관계없이 동등한 액수로 제공됩니다.

말은 좋지만 가능하겠냐고 할 수 있는데, 실은 기본 소득은 이미 시작되었습니다. 2016년부터 경기도 성남시는 시에 거주하는 24세 청년 1만여 명에게 연 100만원의 '청년배당'을 지급했습니다. 이 제도는 청년들의 삶의 질을 높일뿐더러 지역 소상공인들의 수익도 늘렸습니다. 2019년부터 경기도에서는 경기도 거주 24세 청년 약 17

만 5천 명에게, 청년배당을 확대한 '경기도 청년기본소득'을 지급하기 시작했습니다. 역시 2019년부터 정부는 만 7세 이하 아동 전체에게 매달 10만원씩 '아동수당'을 지급하고 있습니다. 아동수당은 아동 기본 소득이라고 할 수 있지요. 기본 소득은 모든 시민에게 보편적으로 제공되어야 한다고 했는데, 안타깝게도 아직은 기본 소득을 받는 집단이 일부이고 액수도 너무 적습니다. 기본 소득이 걸음마를 떼는 수준이라 그렇습니다. 시민들이 제도를 지지하고 확대하라고 요구한다면, 전 국민이 모두 기본 소득을 받는 것도 결코 꿈이 아닐 겁니다.

기본 소득 도입 운동을 해 온 '기본소득한국네트워크'는 기본 소득세, 생태세, 국토 보유세 등 새로운 세금을 도입함으로써 '전 국민 기본 소득'의 재원을 마련할 수 있다고 말합니다. 이 세금을 거두는 근거는, 각자가 버는 소득은 토지, 자연환경, 인류가 함께 이룬 지식 등 사회 공동 자산의 활용에 바탕을 두기 때문입니다. 경제학자 강남훈 교수는 국민들이 기본 소득세로 개인 소득의 10%를 추가로 내고, 토지에 매기는 세금인 국토 보유세를 0.6% 높여 미국 수준으로 걷고(미국은 평균 약 0.8%. 한국은 0.2%) 화력 발전 및 화석 연료 사용에 대해 생태세를 거두어 그 재원을 기본 소득으로 나눈다면 전 국민이 매달 30만원씩 받을 수 있다고 합니다. 국민이 내는 세금과 사회 보험료가 국내 총생산GDP에서 차지하는 비중을 '국민 부담률'이라고 하는데, 안효상 기본소득한국네트워크 상임 이사는 "한국의 국민 부담률은 현재 24% 수준에 머물러 있는데 스웨덴은 52%, 프랑스는

45%에 이른다."라면서, 경제 개발 협력 기구 평균인 34% 수준으로만 올려도 온 국민에게 월 30만원씩의 기본 소득을 당장 실현할 수 있다고 합니다.(한겨레,「"국민부담률 OECD 평균으로 올리면 모든 국민 기본소득 월 30만원 가능"」, 2018. 5. 29.)

특히 대표적인 공동 자산인 토지가 사유 재산이 되어 소수에게 거대한 불로 소득을 낳고 있는 현실을 볼 때, 토지 소유자에게서 세금을 더 걷어 국민에게 기본 소득으로 나눠 주는 '토지 배당' 방식의 기본 소득을 먼저 도입하는 것도 좋은 방법입니다. 남기업 토지+자유연구소장에 의하면 "2012년 과세 표준을 토대로 2018년도 국토 보유세 수입을 추정한 결과 종합부동산세를 폐지하더라도 약 15조 5천억 원의 세수가 발생하고 이는 모든 국민에게 30만 원 정도를 지급할 수 있다."라고 합니다. 국토 보유세를 통한 토지 배당 지급은 자산 불평등, 소득 불평등, 조세 불평등과 같은 여러 구조적 불평등을 해결할 실마리가 되지 않을까요?

우리나라만이 아닙니다. 미국에서 민주당 대선 후보 경선에 뛰어든 혁신 기업가 앤드루 양은 18세 이상 미국 국민 전체에게 월 1,000달러(약 120만 원)의 기본 소득을 주자고 목소리를 높이고 있습니다. 그는 모든 미국인이 빈곤선(미국에서 11,770달러. 한국 돈으로 약 1,413만 원) 이상의 소득을 무조건 받는 사회로 만들자고 합니다.

루스벨트연구소는 성인 1인당 연간 1만 2000달러를 지급하

는 안이 채택된다면 경제는 해마다 12.56~13.10퍼센트 성장할 것이고, 노동 인구는 450~470만 명 늘 것이라고 했다. 사람들 손에 돈을 쥐어 주는 것만으로도 일자리와 경제가 계속 성장한다는 것이다.

_ 앤드루 양, 『보통 사람들의 전쟁』 중에서

기본 소득을 받으면 사람들이 일을 안 하고 게을러질까요? 최근 연구 기관 LAB2050에서 전국에 거주하는 20~29세 청년 400여 명을 대상으로 "어느 정도 소득이 있으면 일을 그만둘까?"라며 물었습니다. 그랬더니 "월 500만 원 이상."이라는 응답이 25%를 넘었습니다. 만약 생기는 돈이 월 100만원 미만이라면 겨우 5%의 청년만이 하던 일을 그만두겠다고 대답했습니다. 어떤 소득이 주어지든 일을 그만두지 않을 것이라는 응답도 15%나 됐다고 합니다. 재미있는 점은 "남들은 어느 정도 소득이 주어지면 일을 그만둘 것 같은가?" 하고 묻자 200만~300만 원 정도일 거라고 예상한 응답이 35%에 달했다는 점입니다.(세계일보, 「청년에게 한달 50만원씩 2년간 준다면?」, 2019. 1. 28.) 자기는 기본 소득을 받아도 하던 일을 그만두지 않는다고 하면서, 남들은 게으름을 피울 거라 짐작하는 거죠. 이는 기본 소득이 사람들을 게으르게 만든다는 생각이 선입견에 의해 영향받는다는 걸 보여 줍니다.

롤스는 타고난 능력은 운이므로 운을 활용한 결과물에 대해 '마땅히 나의 것'이라 주장할 수 없다고 했습니다. 그가 분배의 권리

를 주장할 수 있는 몫은 타고난 능력을 가공하고 발전시킨 노력에 해당하는 부분일 겁니다. 그런데 이런 부분이 있다고 인정하더라도 그가 정당하게 권리를 요구할 수 있는 몫이 어디까진지 특정하기는 쉽지 않습니다. 왜냐하면 오늘날 사회적 부의 창조는 한편으로 공동 자산의 이용에 의해서 그리고 한편으로 엄청나게 많은 사람들의 협업에 의해 이루어지기 때문이지요. 초기 인공 지능 연구에 크게 기여하여 '인공 지능의 아버지'라 불리는 허버트 사이먼은 이렇게 말합니다. "우리가 스스로 벌었다고 할 수 있는 부분은 기껏해야 소득의 5분의 1이다. 나머지는 엄청나게 생산성이 높은 사회에 속한 덕분에 상속받은 재산이다." 그는 세금으로 그 소득의 70%를 모아 기본 소득으로 똑같이 나눠 가지자고 했지요.

타고난 능력이 개인의 행운일뿐더러, 그 능력을 발휘한 결과물이 실은 사회 공동 자산과 협업에 빚지고 있다면 '나만의 독창적인 기여'라고 주장할 부분은 생각보다 크지 않습니다. 그에 비해 사회에서 소득과 부의 격차는 막대합니다. '자기만의 재능'과 '자기만의 기여'를 최대한 인정해 주더라도 지금과 같은 차등 분배는 정당화되기 어렵습니다. 차라리 우리는 이제부터라도 자연과 사회가 준 '공짜 선물'에 대한 권리를 주장해야 하지 않을까요?°

새로운 분배의 상상력이 필요합니다. 분배의 순서를 완전히 바꾸는 상상입니다. 지금까지 분배 정의에 관한 통념은 먼저 능력에 따라 소득을 분배하고 꼭 필요한 사람에게 추가 소득을 준다는 것이었죠. 줄여서 '능력에 따른 분배 후 필요에 따른 분배'라고 합시다. 공정한 기회

기본소득한국네트워크,
《그거 알아? 기본소득이 필요한 이유》, 2017.

균등을 전제로, 각자 일자리를 구해 능력껏 일함으로써 수입을 얻고, 선별적 복지 제도를 통해 사회에서 가장 열악한 처지의 사람들을 골라내 도와주는 식이었습니다. 열악한 처지의 '최소 수혜자'들은 일해서 버는 소득으로는 인간답게 생활하기가 힘들기 때문입니다. 그러나 이제 이 순서를 먼저 기본 소득으로 삶을 보장하고 더 일한다면 추가 소득을 올리게 한다로 바꿔 보자는 겁니다. 줄여서 '기본 소득 보장 후 자발적 노동에 따른 분배'라고 합시다.

이 새로운 분배에서는, 모든 사람을 사회 공동 유산의 상속자로 보아 기본 소득을 제공하여 평등한 삶의 기반을 보장해 줍니다. 기본 소득을 받고 더 많은 소득을 원하면 그만큼 더 일하면 됩니다. 생계는 보장되기 때문에, 이 노동은 싫어도 생계를 위해 해야만 하는 것이 아니라 자발적인 선택이 됩니다. 기본 소득으로 삶을 유지하면서, 노동을 택하는 대신 봉사, 여행, 창작, 발명, 돌봄, 공부 등 원하는 활동을 하고 싶다면 그렇게 하면 되고요. 이 일은 각자의 목표와 가치에 따라 역시 자발적으로 하는 활동입니다.

이러한 분배 방식을 저는, 롤스의 민주적 평등 체제에서 한발 나아간 '기본 소득과 결합한 민주적 평등 체제'라고 부르겠습니다. "평등한 시민들 사이의 정의로운 분배는 무엇인가?" 하는 질문의 답을 상상할 수 있는 최대한으로 밀고 나간 사회입니다. 기본 소득과 결합한 민주적 평등 체제는 출발선과 삶의 모든 영역에서 공정한 기회균등을 보장하고, 사회의 공동 자산에 대한 권리로부터 모두에게 최대한의 동등 분배를 실현합니다. 기본 소득과 결합한 민주적 평등

체제는 평생에 걸쳐 삶의 기본 조건을 보장함으로써 더 이상 운의 불평등을 감내할 필요가 없도록, 인간의 존엄한 삶이 운의 손아귀에 흔들리지 않도록 만듭니다.

무엇보다도, 기본 소득과 결합한 민주적 평등 체제에서 사람들은 더 이상 높은 소득이나 지위를 향한 '공정한 경쟁'에 매달리지 않아도 됩니다. 더 이상 소득과 지위가 인생의 중요한 목표여야 할 이유가 사라지므로, 사람들은 각자 가치 있게 여기는 새로운 목표를 찾아 자유롭게 살아갈 겁니다.

지금까지 우리는 평등한 시민들의 정의로운 분배에 대해 탐색했습니다.

먼저 우리는 모든 사람은 존엄한 인격체로 대우받아야 한다는 '인격의 평등 원칙'을 확인했습니다. 인격의 평등 원칙은 공정한 분배를 위한 바탕이고, 또한 공정한 분배가 이뤄질 때 각자는 평등한 인격체로 대우받을 수 있다는 것도 확인했습니다. 롤스의 정의 원칙에 따라, 우선 기본적 자유가 평등하게 분배되고, 차등의 원칙과 결합한 공정한 기회균등을 추구해야 한다는 것을 보았습니다. 그 기회균등이 소수자를 배제하는 일이 없도록 '적극적 평등주의'를 실천해야 하며, 사회 공동 자산의 권리를 토대로 '기본 소득'을 실현하자는 제안도 살펴보았습니다. 이러한 과정을 통해 우리는 보다 평등하고 정의로운 사회에 다가갈 것입니다.

평등과 정의, 또는 평등과 자유는 어느 하나를 추구하기 위해

다른 것을 포기해야 하는 가치들이 아닙니다.

　　평등과 자유 그리고 정의는 함께 갈 때 다 같이 바로 설 수 있습니다.

학교 운동장에 관한
/
평등하고 공정한 합의

학교 운동장은 한정되어 있는데 운동장을 사용하고 싶은 사람들은 많다고 해 봅시다. 각자 하고 싶어 하는 놀이도 서로 다릅니다. 몇몇 아이들은 축구를 하고 싶고 몇몇 아이들은 피구를 하려고 합니다. 달리기 연습을 하려는 아이들도 있고 모래판에서 씨름을 하려는 친구도 있지요. 물론 볕을 쬐면서 수다를 떨고 싶은 무리도 있겠고, 혼자 천천히 걷고 싶은 사람도 있겠지요. 이들이 모두 만족하려면 학교 운동장 사용이라는 자원을 어떻게 분배해야 할까요?

축구를 하려는 팀이 "야, 축구를 하려면 운동장 전체를 다 써야만 돼. 그러니까 너희는 운동장 주변에서 놀아."라고 우긴다거나, 피구 팀이 "우리는 점심시간에 노는 게 제일 좋아. 점심시간엔 우리가 운동장을 쓸 테니까 너희는 아침이나 방과 후에 사용해."라고 한다면 어떤가요? 절대로 합의를 이룰 수 없을 뿐만 아니라 다른 친구들이 몹시 불쾌하게 느낄 겁니다. 자기의 이익을 위해, 타인을 동등

한 시민으로 대우하지 않는 것이니까요.

합의에 이르려면, 자기가 원하는 대로 해야만 한다는 생각에서 잠시 물러나 '원초적 입장'에 설 필요가 있습니다. 무지의 베일을 썼다고 가정하고, 내가 축구를 원할 수도 있고 피구를 원할 수도 있는 사람이라고, 활동적인 운동을 좋아할 수도 있고 천천히 산책하기를 좋아할 수도 있는 사람이라고 생각해 보는 것이죠. 각자 자신의 이해관계에서 한발 물러난다면 모두가 받아들일 분배 방식을 합의할 수 있을 것입니다.

일단 우리는 운동장 사용은 기본적인 자유이며 그 권리는 누구에게나 평등하다는 데 합의할 겁니다. '먼저 온 사람 마음대로 운동장을 쓰면 좋겠다'고 나는 생각하더라도 그 방식이 모두의 평등한 권리를 보장하지 못한다면 강요해선 안 됩니다. 선착순이라면, 운동장에서 교실이 먼 아이들은 권리가 축소되는 셈이니 반발하겠지요. 다음으로 우리는 공정한 기회균등 원칙에 따라 운동장 사용을 정하자고 할 것입니다. 만약 팀별로 한 시간씩 사용 시간을 준다면서 어떤 팀은 점심시간에 한 시간 쓰고 어떤 팀은 방과 후에 한 시간 쓰라고 한다면, 운 좋게 점심시간에 사용을 보장받은 팀은 신나겠지만 나머지 팀은 입이 나오겠지요. 이것은 형식적인 기회균등일 겁니다. 그렇다고 운동장 면적을 인원수로 나눠, 가령 2m×2m씩 공간을 각자에게 주고 그 안에서 놀라고 한다면, 놀이에 그 이상의 면적이 필요한 팀에겐 사실상 기회를 주지 않는 것과 같지요. 이 역시 형식적 기회균등입니다.

다들 사용하길 원하는 점심시간에 맞춰 운동장 사용을 배분하기로 하고, 각 놀이에 필요한 최소한의 면적을 고려해서 공간을 배분한다면, '이만하면 공정하다'는 어떤 합의에 우리는 이를 수 있을 것입니다. 예를 들면 축구를 원하는 팀은 운동장의 2분의 1을 쓰고, 그 나머지의 2분의 1은 피구 팀이, 다른 2분의 1은 친구들과 수다 떨거나 쉬고 싶은 사람들이 쓴다든지 하는 식으로 말이죠. 이 경우에도 축구팀이 가장 많은 공간을 차지하게 되는데, 대신 점심시간이 끝나면 운동장 정리는 축구팀에서 하자고 정할 수 있습니다. 축구팀은 차등의 원칙에 따라, 아이들 전체의 이익에 봉사한다는 조건으로 가장 큰 공간을 사용하기로 한 것이죠.

이것이 정말 최선의 분배냐고요? 알 수 없습니다. 운동장 조건에 따라, 아이들의 여건에 따라 합의는 달라질 수 있고 더 나은 방식을 찾을 수도 있겠죠. 정의로운 분배에는 단 하나의 답을 갖고 있지 않습니다. 중요한 건, 평등한 시민들이 공정한 절차에 따라 합의하는 것이 공정한 규칙이란 겁니다. 시간이 지나 상황이 변하면서 그 합의가 공정하지 않은 것으로 변하면, 다시 몇 번이고 새로 합의해 나가야 합니다. 그래야 운동장에서 노는 사람들 각자가 다시 평등한 대우를 받을 수 있지요.

책을 마무리하면서 왜 뜬금없이 학교 운동장 이야기를 하냐고요?

책을 읽은 여러분은 "야, 다 좋은데 그래서 내가 뭘 할 수 있

지?"라고 할 수 있습니다. 평등하고 정의로운 사회를 만들자고 하는데, 청소년의 처지에서 당장 무엇을 해야 할지 보이지 않을 겁니다. 실은 이 어려움은 어른들도 마찬가집니다. 사회 구조가 불평등하고 불공정하다고 느끼지만, 그 구조가 워낙 크고 단단해 보여서 손대기가 만만하지 않지요. 저는 청소년들에게(어른들도 물론) 이렇게 말씀드리고 싶어요. 평등하고 정의로운 사회를 만드는 첫걸음은, 학교 운동장 사용 같은 작은 문제에서부터 '평등하고 정의로운 규칙'을 합의해 나가려는 노력이라고 말입니다.

여러분은 과거 어느 세대보다 차별에 민감하고 공정함에 예민한 세대라고 이야기됩니다. 그러나 차별에 대한 민감함이 나의 이익 손실에 관한 것일 뿐 모든 사람이 평등하게 대우받는 사회 구조에 대한 관심이 아니라면, 각자 자기가 제일 차별받았다는 목소리들만 여기저기에서 울릴 뿐 정작 차별은 사라지지 않을 것입니다. 또 공정함에 대한 예민함이 내가 이만큼 노력했으니 사회는 당연히 내가 원하는 것을 주어야 한다는 식의 믿음이라면, 자기가 이 중에서 제일 고생했다고 떠드는 사람들 사이에 갈등만 커질 뿐입니다. 모두의 삶은 나아지지 않을 것이고 영혼까지 갈아 넣는 무한 경쟁의 고통도 줄어들지 않겠지요.

"급할수록 돌아가라."라는 속담처럼, 차별이 싫고 공정함이 좋다면 '나의 이익, 나의 노고'를 중심에 두는 시각에서 잠시 벗어나야 해요. "무엇이 평등하고 정의로운 사회 구조인가?"에 관심을 가져야 하는 것이지요. 평등하고 정의로운 사회만이 기회, 권리, 의무,

부의 공정한 분배를 보장해 주기 때문입니다. 이런 사회 속에서 우리는 인생 전망을 희망적으로 설계하고 행복감을 느낄 수 있습니다. 이 책에서 한 이야기는 모두 그 구조에 관한 이야기이며, 어떻게 해야 그런 구조를 만드는가 하는 이야기입니다.

저는 여러분이 이 책의 내용을 근거로 삼아, 일상생활에서 또는 여러분이 언론 보도에서 접하는 문제들에서 해결책을 찾아보고 친구들과 토론해 보기를 바랍니다. 장학금을 어떤 기준으로 지급하는 게 옳은가, 공정한 시험을 위해 사교육을 금지해야 하는가, 학교 폭력 가해자는 엄벌로 다스려야 하는가, 대학과 직장의 선발 과정에 소외 계층 배려는 왜 필요하고 어느 정도로 해야 하는가, 비정규직 노동자의 정규직화를 둘러싼 논쟁을 어떻게 보아야 할 것인가, 기본 소득을 주어야 할 것인가……. 가깝게 느껴지는 사안부터 먼 사안까지 다양하겠지요. 이 모든 문제가 사회적 기본 가치의 분배 문제입니다. 여러분이 지금껏 이런 문제에 대해 깊은 사고 없이 마음 가는 대로 입장을 정했다면, 이제부터는 "평등한 시민들 사이에 공정한 분배는 무엇인가?"라는 질문을 품고 답을 찾아보시기 바랍니다.

이처럼 질문하고 답을 찾는 과정, 일상적 문제부터 친구들과 토론하면서 공정한 규칙을 만드는 과정이 사회라는 거대한 프로그램 속에 새로운 '코드' 한 줄을 써넣는 과정입니다. 이 코드들이 모이고 잘 결합될 때 사회는 '리부트'될 수 있을 거예요.

여러분의 미래에는 평등하고 정의로운 사회라는 새 프로그램이 작동하기를 바랍니다.

참고한 책

강남훈, 『기본소득의 경제학』, 박종철출판사, 2019.

공자, 『논어』, 김형찬 옮김, 홍익출판사, 2016.

김만권, 『불평등의 패러독스』, 개마고원, 2004.

로널드 드워킨, 『자유주의적 평등』, 염수균 옮김, 한길사, 2005.

마이클 왈쩌, 『정의와 다원적 평등』, 정원섭 외 옮김, 철학과 현실사, 1999.

박호성, 『평등론』, 창비, 1999.

샘 피지개티, 『최고임금』, 허윤정 옮김, 루아크, 2018.

선우현, 『평등』, 책세상, 2012.

소포클레스, 『오이디푸스 왕』, 강대진 옮김, 민음사, 2009.

스튜어트 화이트, 『평등이란 무엇인가』, 강정인·권도혁 옮김, 까치, 2016.

스티븐 J. 맥나미·로버트 K. 밀러 주니어, 『능력주의는 허구다』, 김현정 옮김, 사이, 2015.

알렉스 캘리니코스, 『평등』, 선우현 옮김, 울력, 2006.

앤드루 양, 『보통 사람들의 전쟁』, 장용원 옮김, 흐름출판, 2019.

오준호, 『기본소득이 세상을 바꾼다』, 개마고원, 2017.

이정전, 『주적은 불평등이다』, 개마고원, 2017.

이종은, 『평등, 자유, 권리』, 책세상, 2011.

정상환, 『검은 혁명』, 지식의숲, 2010.

존 로크, 『통치론』, 강정인·문지영 옮김, 까치, 2007.

존 롤스, 『정의론』, 황경식 옮김, 이학사, 2003.

존 롤스, 『공정으로서의 정의: 재서술』, 에린 켈리 엮음, 김주휘 옮김, 이학사, 2016.

황경식, 『존 롤스 정의론』, 쌤앤파커스, 2018.

■ 이름앤솔러지

네 이름을 불러, 품에 안고, 내게 이를게

이름앤솔러지 01

평등, 헤아리는 마음의 이름

ⓒ 오준호, 2019

초판 인쇄 2019년 12월 20일 | **2쇄 발행** 2021년 03월 20일
지은이 오준호
펴낸이 황호동 | **펴낸 곳** (주)생각과느낌 | **출판 등록** 1998년 11월 06일 제22-1447호
주소 서울시 종로구 평창 14길 22-1 | **전화** 02-335-7345~6 | **팩스** 02-335-7348
전자우편 tfbooks@naver.com | **디자인** 권석연

값 15,000원 | **ISBN** 978-89-92263-38-2 43330

이 도서의 국립중앙도서관 출판예정도서목록(CIP)은 서지정보유통지원시스템 홈페이지(http://seoji.nl.go.kr)와
국가자료공동목록시스템(http://www.nl.go.kr/kolisnet)에서 이용하실 수 있습니다. (CIP제어번호: CIP2019048795)

KB021378